교회 개척 컨설팅

교회 개척 컨설팅

이상대 지음

교회 개척 컨설팅

1판 1쇄 발행 _ 2002년 11월 10일
1판 2쇄 발행 _ 2012년 9월 21일

지은이 _ 이상대

펴낸이 _ 이상준
펴낸곳 _ 서로사랑(알파코리아 출판 사역기관)

만든이 _ 이정자, 윤종화, 주민순, 장완철
　　　　이소연, 박미선, 엄지일
이메일 _ publication@alphakorea.org

등록번호 _ 제21-657-1
등록일자 _ 1994년 10월 31일

주소 _ 서울시 서초구 방배1동 918-3 완원빌딩 1층
전화 _ (02)586-9211~4
팩스 _ (02)586-9215
홈페이지 _ www.alphakorea.org

ⓒ서로사랑 2002
ISBN _ 89-8471-093-8

* 이 책은 서로사랑이 저작권자와의 계약에 따라 발행한 것이므로
  본사의 허락 없이는 어떠한 형태나 수단으로도 이 책의 내용을 이용하지 못합니다.
* 잘못된 책은 바꿔 드립니다.
* 가격은 뒤표지에 있습니다.

CONTENTS

머리말 / 7

교회 개척의 현실과 리더십 / 10

1. 교회 개척의 현실
2. 리더십이 문제다

제1장 교회 개척의 패러다임 / 21

1. 초대교회시대
2. 중세교회시대
3. 근대교회시대
4. 오늘날의 교회 개척

제2장 교회 개척을 위한 리더십 / 43

1. 교회 개척 목회자의 자질론
2. 교회 개척에 이상적인 리더
3. 교회 개척 리더십

제3장 교회 개척의 원리와 실제 / 87

1. 교회 개척 목표의 설정
2. 교회 개척의 다섯 가지 원리
3. 교회 개척의 실제 과정

제4장 교회 개척의 한 모델 / 141

1. 서광교회 성장과정
2. 양적 성장을 위한 목회활동
3. 질적 성장을 위한 목회활동
4. 리더십의 한계와 알파코스

제5장 오래 엎드린 새가 높이 난다 / 175

참고문헌 / 181

머리말

나는 1986년 서울신학대학교를 졸업하자마자 전도사 신분으로 전임 목사님이 개척한 지 6년 정도 된 교회에 부임했다. 지하 30평 공간에 전체 교인 23명, 일 년 재정이 760만 원에 불과한 교회였다. 직접 개척하지는 않았지만 첫 사역지이자 현재의 사역지가 된 이 교회에서의 목회는 개척 교회를 벗어나고자 하는 몸부림의 여정이었다. 현재는 1,000여 명이 출석하는 교회로 성장하였고, 지하 1층, 지상 5층의 예배당과 조그만 수양관, 그리고 5년 후에 새롭게 건축할 성전부지 2,100평이 있다.

나는 이 책에서 교회를 담임하면서 겪은 개척 및 성장 과정을 사례로 하여 담임 목회자가 지녀야 할 목회 지도력의 기본 골격과 구조, 전략, 그리고 지향하는 목회 지도력의 형태 등을 분석함으로써 교회 개척의 이론과 접목을 시도하였다. 또한 성공적인 교회 개척에 대한 성경적, 신학적, 실천적 기초를 제공하여 진정한 교회 개척의 사명을 일깨우고, 보다 효과적인 교회 개척과 개척된 교회가 정상적이고도 지속적인 성장을 이루는 데 보탬이 되었으면 한다.

교회는 왜 존재하는가? 교회 개척은 성경적으로 어떤 당위성을 가지는가? 교회 개척의 목표는 무엇인가? 어떻게 효과적으로 교회를 개척할 것인가? 개척교회의 성장 요인은 무엇인가? 이 질문에 대한 대답을 찾아가는 방식으로 이 책을 구성했다.

이러한 질문들은 성경적 기초와 윤리, 철학, 지역에 대한 바른 이해, 교통량 및 주거 환경, 주민들의 성향, 연령 분포, 앞으로의 도시계획 등에 대한 분석과 연구를 요구하며, 철저하게 준비된 성경적이고 실제적인 전략을 필요로 한다. 그리고 교회 개척에 있어서 가장 중요한 핵심은 개척의 뚜렷한 의지와 성장에 대한 열정이 있는 하나님의 사람, 즉 목회 지도자라는 규정 하에, 목회 지도력과 개척 교회와의 상관관계를 살펴보았다.

이 책은 크게 두 영역으로 구분된다. 하나는 교회 개척의 이론과 실제에 관한 것이고, 다른 하나는 교회 개척과 성장에 관련된 목회 지도력에 관한 것이다. 성경적 입장과 일반 이론적 입장에서 접근된 두 부분이 실천신학적 입장으로 조합되도록 다루어질 것이다.

그동안 교회 개척과 관련된 성경 신학적 접근 연구가 부족했었다. 이는 교회 개척이 성경에 근거하기보다는 경험과 개인의 방법론에 의존하는 경우가 많기 때문이다. 또 하나의 한계점은 개척 전략을 수립한 후 개척 하기보다는 개척에 성공한 이후에 그것이 전략으로 소개되기 때문에 그 성공 사례가 모든 경우, 즉 새로운 시간과 장소, 상황 속에 그대로 적용되지는 않는다는 것이다.

이러한 한계 속에서 이 책이 모든 지역, 모든 상황에 적용될 수 있는 이론과 실제는 아닐지라도 일반적인 교회 개척 안내서가 되도록 많은 노력을 기울였다. 또 성공적인 교회 개척과 관련된 다양한 목회 지도력이 있을 수 있기 때문에 기본 이론적 접근과 함께 실제적인 사례 연구를 통하여 목회 지도력을 분석하고 평가하여 보충했다.

이 책이 교회 개척을 계획하고 있는 교직자들에게, 또한 그분들의 바람직한 교회 개척을 통해 한국 교회가 지속적으로 성장하고 확장되는 데 보탬이 되기를 기대한다.

아울러 이 책이 나오기까지 기도와 관심으로 격려해 주신 우리나라에서 제일 좋은 서광교회 성도님들께 감사한 마음을 전하며, 한평생을 부족한 종을 위하여 눈물로 기도하시다가 2002년 5월 25일 하나님의 부르심을 받은 사랑하는 어머니 이정임 권사님께 이 책을 바친다.

2002년 9월 가을의 문턱에
이상대

교회 개척의 현실과 리더십

1. 오늘날 교회 개척의 현실

성경은 교회를 그리스도의 몸이요, 그리스도는 교회의 머리라고 말하고 있다. 따라서 건강한 교회에서 나타나는 표적의 하나는 성장하고 성숙하는 것이다. 성경에 나타난 초대교회는 그리스도를 머리로 하는 주님의 몸 된 교회였고 날마다 그 신자의 수가 늘어가는 건강한 교회였다. 120명(행 1:15)으로 시작한 제자들의 공동체가 3,000명(행 2:41), 매일 증가(행 2:47), 5,000명의 남자(행 4:4), 계속 증가(행 5:14, 9:31, 12:24), 제사장들 포함(행 6:1, 7), 수만 명(행 21:20)에 이르는 교회로 성장했던 것이다. 그러므로 오늘날의 교회 역시 예수 그리스도의 몸 된 교회로서 계속 성숙하고 성장해야 한다.

정상적으로 성장하는 교회는 양적 성장(expansion growth), 질적 성장(internal growth), 확장 성장(extension growth), 지부교량 성장(bridging growth)의 네 가지 교회성장의 다양성을 균형있게 유지하면서 성장한다.

1970~1980년대는 한국 교회의 장족의 발전기였다. 산업사회의 발전에 따라 도시는 급속도로 인구가 증가되었고 도시 외곽에는 신흥 주택지가 많이 개발되었다. 이에 발맞추어 우후죽순처럼 개척 교회가 설립되고 성장함으로써 1990년대 초에는 전국에 5만여 교회, 1,000여만 성도를 헤아리게 되었다. 서울에만도 8,000여 교회가 세워졌다.

그런데 1992년 하반기부터 한국 교회에 찬바람이 불면서 교회성장율은 급속히 떨어졌고 심지어는 마이너스 성장을 기록했다. 그 이유는 자본주의 사회에서의 경제적인 침체, 타종교의 저항, 복음주의 교회의 세속화와 기복화, 개인주의적 신앙, 여자들의 사회 진출, 과도한 해외 선교 집중 등에서 연유된 것으로 분석된다.

이렇게 교회 성장이 퇴보를 나타내자 각 교단은 교회 침체를 극복하기 위한 의욕적인 성장계획을 세우게 되었다. 대한예수교장로회(통합) 총회는 창립 100주년이 되는 2012년까지 '1만 교회 400만 성도 운동'을, 한국기독교장로회는 교단 새역사 50주년을 맞이하는 2003년까지 '3천 교회 운동'을 제창하고 추진하고 있다. 또한 기독교대한감리회는 존 웨슬리 회심 200주년 기념대회에서 2천년대를 향한 감리교 선교 운동 '7천 교회 2백만 신도운동'을 결의하였고, 기독교대한성결교회는 교단 창립 100주년이 되는 2007년까지 '1만 교회 300만 신자운동'을 추진하는 등 한국 교회는 의욕적으로 개척을 통한 교단 발전의 청사진을 수립하여 적극적으로 추진해 나가고 있다.

그러나 각 교단의 교회 개척 운동은 제대로 진행되지 않고 있을 뿐만 아니라 이미 개척된 교회들마저 성장하지 못하고 퇴보하는 추세이다. 심지어는 스스로 폐교한 개척 교회들도 많이 있다. 이러한 현상은 사회병리현상으로까지 발전하고 있다. 교회 개척에 편승해서 순수한 복음에 대한 사명감과 열정과는 무관하게 교회를 하나의 사업장으로 오도하거나 개인의 이윤을 목적으로 하는 추악한 현상도 나타나고 있다. 그런가 하면 교단간의 지나친 경쟁심리로 남의 교단을 비난하거나 또는 지나친 교인 쟁탈전으로 인하여 목회자간의 윤리와 질서를 어지럽히는 일들이 일어나기도 한다. 또 교인과 더불어 교회를 매매하는 교회 상품화 현상도 나타나고 있다. 또한 자질을 갖추지 못한 교역자들의 양산과 그들에 의한 무차별적인 개척으로 인하여 교회가 세상의 빛이 되기는커녕 오히려 사회의 빈축을 사는 결과를 초래하고 있다는 사실도 부인할 수 없다.

개척 교회의 부정적인 측면을 살펴보면 첫째, 개척 교회의 설립이나 설립 지역이 한국 교회나 교단의 정책적인 측면에서 고려되거나 선정되지 않고 목회자 개인의 선택에 의해 이루어진다는 점이다. 물론 예외적인 경우가 없지는 않지만, 이러한 목회자 개인의 선택에 의한 교회의 개척은 균형 잡힌 교회 설립을 방해하고 결과적으로 개척 교회의 대도시 집중화 현상을 초래하고 있다.

둘째, 첫째 문제점의 결과로서 과도한 경쟁을 유발한다는 점이다. 한 지역에 여러 교회가 있다보니 불필요한 경쟁과 긴장을 초래하고, 밀집된 교회 환경은 도리어 교회에 대한 신뢰도를 떨어뜨려 복음 전도를 방해하는 요인이 될 수 있다.

셋째, 개척 교회는 대체적으로 교회를 개척하는 목회자 자신의 선택에 의존하기 때문에 개교회가 교회를 설립한 목회자 중심의 개교회주의와 목회자가 절대적 권리를 행사하는 개인 중심의 교회로 변질될 위험이 있다는 점이다. 이럴 경우 교회의 보편성에 대한 인식이나 교회 상호간의 유기적 관계에 대한 의식이 희박하고 그 교회를 개척한 목회자가 '이것은 내 교회'라는 그릇된 의식에 빠질 위험이 있다.

넷째, 교회 개척이 순수한 복음적 동기에 의한 것이라기보다는 기존 교회 내부의 불화나 대립에 의한 분열의 결과라는 점 또한 개척 교회의 부정적인 일면이라고 할 수 있다. 결과적으로 새로운 교회가 또 설립되었다는 점에서 긍정적일 수도 있지만, 그것이 개척 교회 난립에 일조하고, 필요 이상의 대립과 경쟁을 초래한다는 면에서 이를 건실한 교회 설립의 도라고 보기 어렵다. 한국 교회를 가리켜, "분열하면서 성장하고, 성장하면서 분열한다"라는 표현은 한국 교회의 특이성을 잘 보여주고 있다.

위와 같은 문제를 해결하기 위해서는 보다 체계적인 관리와 균형적인 지역 선정이 이루어져야 하는데 아직은 한국 교회나 개교단 차원의 전략적 기획과 통제력을 기대하기는 어렵다. 결국 이러한 문제점을 해소하는 길은 교단 또는 지역노회나 지방회 차원에서의 기획적인 협력 개척이지만 현재 흐름으로는 팀 개척이 성사되기가 쉽지 않다. 또 다른 길은 목회자 개인의 신앙과 양식에 의존하는 도리밖에 없지만 사실 이 점도 기대하기 어렵다.

그럼에도 불구하고 기독교 역사는 개척 교회의 역사라고 할 수 있다. "너희는 가서 모든 족속으로 제자를 삼아 아버지와 아들과 성령의 이름으로 세례를 주라"(마 28:19)는 예수님의 말씀은 선교 명령인 동시에 개척 교회의 설립 명령이라고 할 수 있다. 사도행전의 역사는 초대교회의 개척 역사이다. 앞으로도 전체 국민의 80퍼센트에 달하는, 하나님을 모르는 사람들이 하나님 앞에 무릎을 꿇고 경배할 때까지 교회는 계속 세워져야 한다.

이러한 교회 개척의 당위성은 지금까지의 그릇된 선교정책과 교회 개척의 실태를 진단하는 의미에서 교회 개척의 올바른 목표를 성경을 통해 제시할 것을 요구하고 있다. 교회 개척은 실천적인 것이지만 먼저 학문적으로 체계화할 필요성이 있다. 왜냐하면 계획과 전략이 올바로 정립된 교회 개척만이 이 땅에서 주님의 몸 된 바른 교회를 형성할 수 있기 때문이다.

2. 리더십이 문제다

교회 개척은 최초 개척자의 리더십에 달려 있다고 하여도 과언은 아니다. 대부분의 개척 교회가 풍부한 재정과 좋은 위치, 다수의 참여자가 있는 가운데 안정적으로 개척하지는 않기 때문이다.

일반적으로 교회의 리더십은 교회를 목양하는 직분자, 특히 목사로 안수를 받은 자에게 있다. 그러나 성직자를 평신도와 구별되는 새로운 계층으로 생각될 수 없다. 찰스 밴 엥겐(Charles Van Engen)은 다음과 같은 주장을 했다.

"개신교의 종교개혁은 '만인 제사장'이라는 의식을 일깨웠다. 개혁자들의 주장에 따르면, 모든 성도들이 기도, 중보, 칭의, 성화, 봉사 등의 소명을 받았다는 사실이다."

그러면 개척 교회에서 진정한 지도력은 어떻게 이루어져야 하는가? 교회는 독단적인 그룹이 아니다. 또한 민주주의나 사회 단체와도 다르다. 이는 교회론적인 문제로서 교회 질서와 관계 있으며 실제적인 교회 행정과도 연관이 있다. 그러나 우리는 먼저 성경적인 지도력을 생각해야 한다. 예수 그리스도의 지도력은 섬김과 희생을 통한 것이었고 그분의 권위는 섬김에 의해 주어진 것이었다. 찰스 밴 엥겐의 직분자에 대한 정의는 성경에 근거하는 것으로 주님의 사역이었음을 잘 보여주고 있다.

목사로 안수 받은 사람들은 개인적인 경건함, 신앙, 소망, 사랑, 희생적인 제자의 삶을 통해서, 하나님의 선교하는 백성들이 세상을 향한 사역을 감당하도록 돕는 데 자신을 헌신하는 귀한 지도자들이다. 목사로 안수 받은 사람은 다른 사람들과 전혀 다른 사역을 위하여 부르심을 받은 것이 아니라 오히려 모든 성도들이 사역을 보다 잘 감당할 수 있도록 돕기 위하여 부름을 받았다.

종종 개척 교회의 지도자는 개척의 성공을 위해 힘과 권위가 있는 지도력을 추구하는 실수를 범한다. 풀루머는 바울을 교회 설립자로서 평가하고 있는데 이것는 교회 개척자의 종 된 성품으로 볼 수 있다.

첫째, 사도 바울은 동료였고 동시에 하나님의 종이었다.

둘째, 바울은 목회에 대해 공격적이거나 불신하지 않는 조심스러운 자였다.

셋째, 불리한 경험과 박해의 넓은 변화 앞에서 바울은 인내할 수 있었다.

넷째, 성령에 이끌리고 조정받은 자로서 열매(순결, 인내, 친절, 사랑)는 그의 삶에 있어서 분명하였다.

그의 이러한 성품은 주님의 교회를 개척함에 있어서 좋은 결과를 가져올 수 있었다. 성경의 여러 곳에서 바울은 자신을 종으로 소개하기를 전혀 꺼리지 않았다. 고린도에 보낸 그의 서신서는 그의 교회 개척의 자세를 잘 드러내 주고 있다. "우리가 우리를 전파하는 것이 아니라 오직 그리스도 예수의 주 되신 것과 또 예수를 위하여 우리가 너희 종 된 것을 전파함이라"(고후 4:5).

개척 교회의 지도자는 주님을 위한 성도들의 종으로서의 위치를 늘 기억해야 한다. 그러므로 교회 개척자의 지도력은 종으로서의 지도력에 있으며, 이는 먼저 성직자라는 자기 의식의 굴레를 벗어 던짐으로써 얻을 수 있는 지도력의 은사이다.

전통 교회의 지도력은 한 개인인 목사에게 집중됨으로써 이루어졌다. 그러나 그것은 적어도 주님과 바울의 방법은 아니었다. 찰스 밴 엥겐이 다음에서 주장하는 지도력은 교회 공동체에서 진정한 지도력이 무엇인지를 잘 분석하였다. 지도력은 믿음의 공동체가 몇 사람의 영향력 있는 지도자를 세우고 그 지도자가 공동체 안의 모든 성도들이 받은 영적 은사들을 잘 발휘할 수 있도록 할 때 일어나는 '연합 사건'(corporate event)이다. 이런 지도자는 하나님의 백성들이 세상을 향해 나아가게 하는 데 있어서 창의적이고 자의적이며 비전이 있고 적극적이고 긍정적이고 앞을 내다볼 줄 아는 안목이 있는 인물이다.

이러한 정의의 지도력은 개인이나 성도보다는 세상을 향한 선교를 위한 지도력으로 이해된다. 여기에서 지도자는 교회의 선교 목표를 위해 영적 은사들을 가진 하나님의 백성들을 발견, 활용한다. 이는 지도자와 성도들의 주도권이 주님의 사역을 향하도록 하며, 지도력을 분담하는 결과를 가져온다. 지도력을 분담하거나 다른 사람에게 위임하는 것은 지도력의 상실이 아니라 지도력의 강력한 확장으로 이해되어야 한다.

토착적인 교회 개척을 강조한 멜빈 핫지스(Melvin L. Hodges)도 전체 교인을 향한 교인 훈련과 이를 통한 지도력의 분담을 주장한다. 하지스에 따르면, 첫 번째, 지도력 분담은 전 교인의 지성적 발전과 미래 사역자들의 영적 발전을 위하여 필요하다. 두 번째, 개척 지도자들은 토착 교회와 함께 훈련 프로그램을 통합해야 한다. 세 번째, 개척 사역자는 일을 위해 훈련되어야 하며 그 사역에서 떠나서는 안 된다. 어떤 조직들은 학습자들을 그들의 평범한 생활로부터 분리시키는 목적을 가지는 경향이 있다. 네 번째, 개척 지도자들은 전임 사역에 헌신할 수 있는 소수를 선택하는 배타적인 훈련보다 오히려 전체 교회의 훈련을 위한 준비를 해야 한다. 다섯 번째, 개척 지도자들은 오래된 회심자들을 소외시켜서는 안 된다.

지도력은 하나님의 백성들이 교회의 머리 되신 그리스도와 선교 및 목회 사역을 위해 지도자와 피지도자의 연합 사건으로 발생된다. 개척 교회 지도력은 섬김을 받으려는 주인이 아니라 섬기려하고 자기 목숨까지 내어 줄 수 있는 종으로서 섬길 때에 얻어지는 것이다. 따라서 개척 교회의 지도자는 먼저 종으로서 자신을 훈련하고 교인들을 훈련하며 그들의 은사를 활용함으로써 지도력의 극대화를 구할 수 있다.

제1장
교회 개척의 패러다임

초대교회시대

중세교회시대

근대교회 시대

오늘날의 교회 개척

제1장
교회 개척의 패러다임

1. 초대교회시대

교회사 초기의 선교는 소집단과 교회의 두 구조를 중심으로 전개되었다. 그러나 이것은 그 시대에 오직 하나의 특정 선교 구조만이 행해졌다는 뜻이 아니라 어떤 경우에는 독자적으로 또는 병행과 연합을 통해서 선교가 이루어졌다고 할 수 있다.

교회사적으로 오순절 이후 590년까지는 사도시대, 교부시대로 로마제국과 유럽 개종의 시기로서 개인과 소집단이 선교구조의 주축을 이루었다. 100년까지는 복음이 역동적으로 전파되어 예루살렘과 사마리아 지역, 그리고 로마제국 대부분의 지역으로 복음화 되었다. 그후 313년까지는 복음의 확장기로서 공적으로 복음이 전 로마제국을 정복한 시기였다.

당시의 선교는 구체적인 전략보다는 사도시대의 전략을 계속적으로 적용했다고 할 수 있으나 점점 교권화 경향을 띠었다.

313년 이후에는 교회의 교권주의 부패상에 대한 반동으로 베네딕트, 카타린과 같은 집단으로 구성된 수도원 선교운동이 등장한다. 울필라스(313~383년)는 서고트 족을 회심시키고 성경을 번역하였으며, 패트릭(390~461년)은 아일랜드에 수도원과 수십 개의 켈트 교회를 세우고 유럽 본토 선교사 1명에 11~12명의 수도사 팀을 구성하였다. 콜럼바너스(542~615년)는 573년쯤 12명의 동지와 선교단을 조직하여 독일로 갔다.

이와 같이 수도원 중심의 개척은 중세 이전의 주된 선교 구조로서 수도원 운동이 곧 선교운동으로 나타났다는 것은 바람직한 일이었다. 그러나 스티븐 닐이 지적한대로 교회를 세우기보다 무형적 교회를 유일한 교회로 보고 수도원 공동체만 세워나간 것은 성경적인 것이 아니었다. 결국 수도원 중심의 개척운동은 교회 설립을 목표로 하고 로마교회와 유기적 연관을 가지고 조직적으로 사역한 영국 선교운동에 흡수되고 말았다.

초대교회의 선교전략은 위협적인 상황과 민족적 배경으로 소집단 구조를 주축으로 수행되었으며 방법은 매우 개신교적이고 발전적이었으나 교회 설립을 우선시하지 않고 수도원 중심의 선교에 머무르는 한계를 벗어나지 못했다. 이는 소집단 구조 주축의 한계이며 교회 구조와의 연합이 필요함을 보여주는 실례이다.

분명한 것은 선교의 주축이 소집단 구조이든 교회 구조이든 초대교회의 선교 구조의 중심은 교회를 개척하거나 신앙공동체인 수도원을 세우는 것으로 이해되고 실제로 그렇게 수행되었음을 알 수 있다.

2. 중세교회시대

교황이 취임하면서 중세시대가 열렸다. 이 시기에는 교황 그레고리 1세가 선교에 착수하면서 선교가 교회를 통해 구체적으로 실천되었다. 말하자면 수도원 주축의 선교가 교회 중심으로 이동 또는 통합된 시기라고 할 수 있다.

그러나 선교확장 시기라고 할 만큼 초기(590~950년)에 유럽을 중심으로 하여 활발하게 전개되던 선교 운동은 이슬람과의 충돌과 십자군 원정의 실패라는 큰 장애물 때문에 후기로(950~1350년) 접어들면서 다시 침체하기 시작했다. 확실히 기독교가 만난 최대의 위협은 7세기 이슬람 세력의 폭발적인 출현과 급속한 전파였다.

그러나 교황의 인정 하에 소집단 구조 운동으로서의 후기 수도원 선교운동이 등장하면서 선교의 명맥을 이어갔다. 프란시스코 수도회, 도미니칸 수도회, 어거스틴 수도회, 로욜라의 예수회 등이 주로 선교사업의 책임을 담당했다. 유럽의 프로테스탄트 교회들의 종교개혁이 재복음화 운동으로 확장될 때에 로마 가톨릭 교회는 비기독교 지역으로 선교에 눈을 돌리게 되는데 여기에 소집단 구조의 예수회가 주축이 되었다.

15세기 중엽의 로마교회는 포르투칼, 스페인의 해상권 장악으로 식민지를 등에 업고 선교에 박차를 가하나 본질적인 선교라는 면에서는 실패한 시기였다. 선교가 정치적인 무력을 통해 파고들었기 때문이다.

중세의 선교는 교회 중심의 선교였으나 실질적인 진전은 없었던 셈이었다. 이러한 선교 운동의 정체는 로마교회가 부패하는 데 일조하기도 하였다. 교회 개척과 선교의 목표보다 교회의 안정과 영향력을 증강하는 데 힘이 모아졌던 것이다.

3. 근대교회시대

16세기 종교개혁시대는 유럽 재복음화의 시기로서 교회의 갱신과 재복음화가 지역, 민족별로 전개되었으며 결과적으로는 17세기 이후 개신교 선교의 발판을 마련하였다고 할 수 있다. 성경으로 돌아가자는 종교개혁의 표어는 결국 선교하는 교회의 모습을 되찾는 밑거름이 되었다. 이는 16~18세기의 청교도 운동, 네덜란드의 제2개혁운동, 경건주의적인 개혁운동으로 이어졌다. 그러나 새로운 지역에 대한 실질적인 선교사 파송과 교회 개척 전략은 몇 번 시도되었지만 매우 미비하였다.

1750년 산업혁명 이후에 이르러 교회는 새로운 선교적 관심과 근대적인 선교의 모델을 찾았다고 할 수 있다. 근·현대 선교 신학의 흐름은 결국 선교가 교회 중심적인 선교냐, 사회 중심적인 선교냐 하는 큰 줄기로 대별된다. 전통적 선교 혹은 총체적 선교와 소위 하나님의 선교

(Missio Dei)로 대변되는 에큐메니칼 선교가 바로 그것이다. 전통적인 선교관이나 총체적 선교에서는 '하나님-교회-세계'로 이어지는 공식에서 선교를 찾는다. 반면에 하나님의 선교에서는 하나님이 교회보다는 세계와의 관계에 우선권을 두신다고 보고 진정한 연속관계를 '하나님-세계-교회'의 공식에서 찾는다. 하나님의 선교에 있어서의 이러한 선교 공식은 결국 정황에 이끌려 가는 상황화 신학에 기초하고 있음을 보여준다. 이와 같은 선교의 이원화 내지 구별화는 선교가 결국 세계관에 따라 다르게 실천 적용된 결과이다.

그러나 현대 선교에서는 이들보다 더 성경적이며 실천적인 총체적 선교가 요구되고, 또한 그것을 궁극적인 목표로 삼고 있다. 그래서 세 가지 선교 신학을 중심으로 하여 교회와 선교의 관계를 살피면서 오늘날 요청되고 있는 보다 폭넓고 다양한 총체적 선교의 방향을 제시하고자 한다.

전통적으로 교회들이 구두 전도나 교회 개척을 선교로 이해하고 행해 온 것은 사실이다. 이로 인하여 선교가 교회 중심적으로 진행되어 왔고 교회가 사회에 대하여 폐쇄적인 태도를 취하게 되는 요인이 되었다. 선교의 그 본래적 의미는 복음을 가진 자에게 전도의 사명과 임무를 부여해서 보내는 것이다. 즉, 비기독교 지역이나 전에는 믿은 적이 있지만 현재 신앙을 버리고 방황하는 자, 더 이상 신앙을 유지하지 못하고 있는 자에게 보내서 전도하는 것을 선교라 할 수 있다.

다시 말하자면 선교란, 보에티우스(Voetius)가 정의한 것처럼 이방인의 회심, 교회의 설립, 하나님의 은혜를 선포하고 영화롭게 하는 데 그 목적이 있고, 선교의 궁극적 목적 안에 교회의 확장과 교회의 설립이 필연적으로 포함되는 그러한 것이다.

존 스토트(John Stott)는 기성교회의 선교를 바르게 진단하고 있다. 전폭적으로 복음전도의 의미만을 포함하는 전통적 선교관의 극단적인 형태는 구두선포(verbal proclamation)에만 집중된 것으로 나타났다. 전통적 선교관을 고수하는 자들은 대개 교육과 의료사업을 정당하게 보며 흔히 문맹자와 병자들이 기독교적 연민의 대상이 된다는 점에서 교육과 의료사업을 복음사업의 매우 유익한 수단으로 생각했다. 심지어는 병원과 학교가 환자들과 학생들에게 복음을 들려줄 수 있다는 점에서 교육과 의료 사업을 전도의 '발판'으로 여기고 있다는 생각마저 들게 한다. 어쨌든 교회가 하는 모든 사회봉사 활동을 선교 차원에서 이해했던 것이다.

이처럼 전통적인 선교관은 교회 자체가 선교이며 교회의 일반적인 전도 또한 선교라고 이해하였다. 즉, 교회 사역에 수반되는 사회활동을 모두 선교적인 것으로 잘못 인식하고 있었다.

스토트는 지금까지 시도된 선교의 방법을 크게 세 가지로 정리하고 있다. 첫 번째, 사회활동을 전도의 수단으로 간주하는 방법이다. 사회사업을 다른 목적을 위한 수단으로 삼은 결과 소위 '구제품 기독교인들'(이익을 위한 형식적 신자)을 양성하는 것으로 나타난다. 전도와 사회활동의 관계를 맺는 두 번째 방법은 사회활동을 복음전도의 수단으로 보지 않고 복음전도의 표현 혹은 선포되고 있는 복음의 표현이라고 본다. 세 번째, 스토트가 참된 기독교적인 관계로 보는 방법은 전도와 사회활동이 서로 동반자적인 관계로서 서로서로에게 소속되어 있으면서도 독립적이다. 양자는 각기 올바른 위치에 독립적으로 있으면서도 상호 협력적이다. 그러면서도 각기 다른 한편의 수단이거나 그것의 표현도 아니다. 그 자체가 하나의 목적이기 때문이다.

스토트의 이러한 주장은 선교에 대한 교회의 자세와 사회와의 관계를 바르게 설정해준다. 교회는 선교와 사회활동의 참여를 동시에 강조해야 한다.

그러나 교회 중심적인 선교에 대한 비판은 일찍이 1938년 탐바람대회부터 계속 제기되어 왔고, 이는 1960년대 중반 이후와 웁살라 선교대회 이후 큰 전기를 맞이하게 된다. 빌링겐 회의는 하나님의 선교(Missio Dei) 개념을 채택하면서 선교를 구원받은 피조물 위에 그리스도의 주권을 세우려는 포괄적인 목표를 가지고 아들을 보내심, 곧 하나님의 선교에 참여하는 것이라고 했다. 우리가 한 지체로서 참여하게 되는 선교운동의 원천은 삼위일체 하나님 자신 안에 있다. 그들은 선교의 목적은 개종과 회심보다는 증거와 봉사에 두고 개인의 영혼구원보다는 지상에 샬롬(sallom)을 건설하는 데 있다고 주장하고 나섰다. 교회는 선교 중심이 아니다. 교회 중심의 선교는 불법적이며 불합리하다.

선교 중심은 교회가 아니라 세계이다. 온 세계가 하나님의 관심에 있어서 중심을 차지한다. 선교는 교회의 한 기능이라고 주장했던 반 룰

러의 주장은 호켄다이크에 의하여 반박되었다. 교회는 선교의 한 기능이라는 것이다.

특히 호켄다이크는 전통적인 선교와 관련하여 상반된 주장을 펼친 핵심적인 인물이다. 호켄다이크의 '하나님 나라의 신학, 사도의 신학'은 그의 신학적 특징을 가장 극명하게 나타내는 용어이자 사상으로서 교회가 본질적으로 선교적이라는 의미이다. 그는 선교를 교회 전체의 사역으로 보고 교회와 선교를 서로 다른 요소로 파악하는 일체의 주장을 배격했다. 교회는 하나님 나라와 세계와의 관련 속에서만 생각할 수 있기 때문에 교회는 본질적으로 선교적이든지, 그렇지 않으면 교회가 아니든지 양자 중 어느 하나일 뿐이라고 생각한다.

그러므로 호켄다이크의 신학은 하나님 나라의 신학이었다. 호켄다이크에 있어서 '세계'는 메시아 개념이었고 하나님 나라와 종말적 관련을 가지는 것이다. 선교는 교회로 가는 길이 아니었다. 선교나 교회는 하나님 나라와 세계 사이에서 이 두 가지 영역 안에 다 참여하는 가운데 이 둘을 연결해 주는 것이다. 이러한 참여가 이루어졌을 때 보여지는 모습을 샬롬이라고 불렀다. 이 개념은 구원론적 개념이라기보다는 윤리적인 것이었다. 화해는 세계적 인간화 과정이 되었다.

호켄다이크는 교회의 과제를 선포(kergma), 친교(koinonia), 그리고 봉사(diakonia)라고 말했다. 그러나 시간이 경과함에 따라 그의 강조점은 위의 세 가지 중 점점 봉사에 맞추어 졌고 계속 그 마지막을 강조하며 움직여 나갔다.

호켄다이크는 교회 중심의 선교관이 교회 자체를 벽으로 만들고 선교의 지평을 차단하여 세계와 사람들에 대한 교회의 시야를 막는다고 보았다. 또한 그는 교회 중심적인 선교는 선교를 축소하고 방해한다고 생각하였다. 교회는 사회활동을 하고 세상에 나가서 봉사해야 한다고 강조했다.

호켄다이크는 선포와 친교, 봉사의 통합적인 활동을 강조했는데, 이는 과거의 선교관보다 넓은 하나님 나라의 관점에서 선교를 보았다는 점에서 의의를 갖는다. 그러나 그의 강조점이 사회봉사에 머무르고 집중되면서 선교의 한 기능으로서의 교회를 선교의 장애물로 여김으로서 선교에서 교회를 잃어버리는 결과를 초래했다.

그러면 진정한 선교는 무엇이고 그 기초는 무엇인가? 참 선교는 주님께 근거하고 방법 또한 그러하다. 최초의 선교는 하나님의 선교이다. 왜냐하면 바로 하나님께서 자기 선지자들과 자기 아들과 성령을 보내셨기 때문이다. 이 선교 중에서도 아들의 선교가 핵심이다. 그것은 선지자들의 사역의 완성으로서 그 속에, 절정으로서 성령의 파송을 내포하고 있기 때문이다. 그리고 이제 아들은 자신이 보내심을 받은 것처럼 우리를 보내신다. 그분의 공생애 기간에 그분의 전파와 교육과 치유 사역의 확장의 일환으로 사도들을 보내셨고, 그후에 70인을 보내셨다. 그분의 죽음과 부활 후에는 선교의 범위를 확대하여 그분을 주님으로 부르는 모든 제자들을 포함시켰다. 역점은 언제나 명백했다. 전파하고 증거하여 제자를 삼는 것이 중요한 목적이었다.

에큐메니칼 운동과 같이 제자삼지 아니하고 그리스도를 전파하고자 함은 주님의 선교를 헛되게 하는 것이다. 진정한 하나님의 선교는 예수 그리스도께서 하셨던 것처럼 하는 것이다. 하나님의 참 선교는 성부, 성자, 성령 하나님의 선교이며, 이를 위해 교회가 하나의 수단과 목표가 되는 것이다.

하나님의 선교 개념을 한 마디로 규정하기에는 많은 고민과 학문적 무게가 그들의 신학에 있음을 인정해야 한다. 그들의 비판을 겸허히 받아들이는 것이 선교신학을 세우는 자들의 자세이다. 현대 선교에서 과거의 전통적인 선교를 고집할 수는 없기 때문이다. 시대적인 조류라거나 선교의 필요라고 하기 이전에 주님이 바라시는 선교를 추구해야 할 것이다.

우리는 우리에게 요구되는 선교의 신학을 총체적인 선교신학이라고 부르고 있다. 이는 하나님 나라의 안목으로 넓고 다양하게 접근하는 교회 중심적인 선교이다. 그러면서도 한편으로는 사회에 대한 철저한 이해와 봉사가 강조되는 이름 그대로의 총체적인 선교(Holistic Mission)이다. 교회 중심적이면서도 교회가 전부는 아니다. 우선적으로 세상에서의 교회 설립을 목표로 하는 교회 중심적인 선교를 말한다.

하워드 스나이더(Howard Snyder)는 교회의 통일성에 대해 언급하면서 교회가 선교하기 위해서는 네 단계의 운동이 필요하다고 하였다. 첫째, 기본적인 목표는 하나님께 영광을 돌리는 것이다. 둘째, 복음을 순수하게 전하는 것이다. 셋째, 교회의 통일성은 그리스도와 삼위일체

이신 하나님께 연합하는 것이다. 넷째, 진리 안에서의 통일성은 믿음과 생활에서의 통일성과 정통 교리와 바른 실천 사이의 통일성을 말한다.

4. 오늘날의 교회 개척

(1) 윌리엄 캐리와 네비우스 방법론

사실 엄밀히 말해서 교회 개척은 21세기에 와서 처음 시도되는 새로운 선교 전략은 아니다. 이 전략은 일찍이 초대 교회에서부터 가까운 근대 선교에서도 찾아볼 수 있는 교회의 기본적인 선교전략이었다. 그런데 오늘날 새삼스럽게 교회 개척 전략을 주장하는 것은 지금까지의 전통적인 선교 형태에 대한 반성인 동시에 성경적이고 가장 효과적인 선교 전략이기 때문이다.

근대 선교는 윌리엄 캐리(William Carey)로부터 출발한다. 적어도 윌리엄 캐리 이전의 모든 선교 전략은 선교라는 이름을 붙이기에는 적절하지 못한 형태였으며 많은 문제점들이 있었다.

윌리엄 캐리는 첫째로 요한 웨슬리의 복음주의적 각성운동(1720)의 수단(means)이자 매개체(vehicle)가 된 소집단 구조에서 어떤 조직이 선교를 가장 용이하게 하는가를 배웠으며, 둘째로 천주교 예수회 수도사회의 조직 구조에서 역시 소집단 구조 기능을 발견했다. 예수회파가 해체되면서 천주교의 선교의 세기는 종말을 고했지만, 윌리엄 캐리는 소집단 구조가 아니고서는 선교활동을 성공적으로 수행할 수 없다는 사실을 발견했던 것이다. 셋째, 그는 이런 견지에서 마틴 루터가

"예수 그리스도의 선교명령은 사도들에게만 주어진 것이며 사도 이후에는 그런 명령을 받은 바 없다"라고 말한 데 의문을 제기하고 "오늘의 그리스도인에게도 선교의 명령이 부과되어 있는가?"라는 논제를 들고 도전했던 것이다. 종교개혁 후에 세계 선교 무용론이 지배하던 유럽의 교회들을 향하여 선교 대명령을 역설한 윌리엄 캐리의 공적은 기독교 선교사에 있어서 영원한 금자탑이 될 것이다.

윌리엄 캐리의 위대성은 그가 선교의 대명령을 근대의 시점으로 이끌어내는 가교를 놓았다는 데 있다. 캐리의 선교 기구가 선교회 중심으로 교회 밖에서 이루어졌다는 점은 아쉬움으로 남지만, 이는 당시 교회의 비선교적인 상황에서는 가장 적절하고 효과적인 전략이었다고 할 것이다. 왜냐하면 그의 소집단 구조 중심의 선교는 결국 교회 구조를 자극하여 선교의 장으로 이끌어내는 촉매제의 역할을 했기 때문이다.

선교의 중심이 점점 교회로 옮겨오면서 교회는 교회를 세움으로써 선교에 참여하게 되었고, 이를 위한 전략이 개발 적용되기에 이르렀다. 특히 네비우스 선교정책(Nevius methods)이 교회 중심적인 선교운동으로 이해되면서 당시로서는 보기 드문 도전적인 선교 전략으로서 제시되었다.

18~19세기에 영국과 미국을 중심으로 하여 일어났던 토착화 선교 전략이 1910년 에딘버러(Edinburgh) 세계선교 대회에서 공식적인 선교 전략으로 채택되었는데, 1890년 이후 이 전략은 네비우스 선교 정책으로 이어졌는데, 특히 한 장로교회를 중심으로 발전했다.

한국에서 네비우스 정책이 발전한 것은 단순히 선교전략에만 그 성공 이유가 있었던 것은 아니었다. 당시 한국의 상황과 성령의 주도, 지역적 적절성, 성경공부, 한국 교회의 헌신 등도 주요인 중의 하나였다.

한국 선교 초기에 시행된 정책은 자전(自傳), 자립(自立), 자치(自治)를 골자로 하는 소위 네비우스 방법이었다. 초기의 신자들은 복음서를 들고 시골길을 달렸으며 신앙공동체를 이루고 스스로 교회당을 건축했다. 그러나 1세대 선교사들에 의해 지속된 신학 교육과 일제의 교묘한 기독교 정책은 한국 기독교의 신학, 교육, 정치적인 자주성과는 거리가 먼 것이었기 때문에 한국 기독교는 해방 이후까지도 구미 기독교의 강력한 영향 아래 있었다.

이러한 면은 구미 선교사들의 신학 교육의 부실과 사회 정치에서의 안정 희구 경향 등은 교회의 내외적인 자립, 자전, 자치의 성격에 영향을 끼쳤다는 점도 인정하지 않을 수 없다. 따라서 한국 교회의 초기 선교정책과 실행은 교회의 지도력과 관련하여 진정한 의미의 자전, 자립, 자치의 교회와 문화적 토착화에 성공한 교회를 만들어내는 데는 미약했다. 특히 2차 세계대전을 통한 제국주의의 영향력과 이에 대한 선교사의 동화는 많은 피식민지 교회들을 비서구, 반선교사, 비선교적인 교회로 만드는 결과를 낳았다. 두 차례에 걸친 세계대전은 선교에 있어서도 두 갈래 양상을 띠게 하였다.

첫째, 과거의 교회 전도 활동이 무의미하면서 선교가 직접적으로는 교회에 대한 물적 지원, 간접적으로는 사회봉사, 복지를 위해 협력, 보조하는 것으로 선회하기 시작하였다. 20세기 교회 지도자들은 2차 세계대전 이후에 서구세력이 제3세계에서 후퇴하고 신생국가들이 독립하게 되자 선교회를 철수시켰다. 더러는 선교보다는 봉사활동을 강조하는 경향이 드러나기도 했다. 여기에는 식민지 국가들에 대한 일종의 죄책감이 작용했다는 지적이 있다.

둘째, 선교사 주도의 선교정책에서 돌아서서 신생 독립국가 교회들이 지도력을 가지는 자립, 자전, 자치적인 신생 교회가 되도록 돕자는 방향이다. 2차 세계대전 이후 정치적 독립운동이 기세를 얻을 때 이 개념은 주도적인 선교 전략이 되기 시작했다. 신생 교회를 세우는 것은 부분적으로는 서구인들에 의해 세워진 교회를 문화적으로, 서구화되는 식민지역의 경향에 대한 반작용이었다.

21세기의 출발점에서, 신생 교회의 설립은 1950~1960년대 만큼 의미 있는 쟁점이 되지 못했다. 왜냐하면 지금에 와서 교회 개척은 여전히 고전적이고 미련하게 여겨지고 있기 때문이다. 그러나 진정한 선교전략을 찾는 자들에게 자신들이 세운 교회를 자영하도록 하는 것은 여전히 새로운 관심이 되고 있다. 이러한 관심과 함께 이 사역을 지속적으로 수행하기 위해서는 교회 재생산의 사역으로 개발시켜야 하는 것도 주요한 우리 교회의 과제이다. 그렇기 때문에 교회는 효과적인 선교를 포함하는 그들 자신의 전략을 개발 발전시켜야 할 필요와 의무가 있는 것이다.

오늘도 여전히 선교의 관심은 자영하는 신생교회의 설립과 독립에 있다. 한편 멜빈 핫지스는 신약 교회에서 네비우스 3자(3 self) 원리를 발견하여 간략히 정리하고 있다.

첫째는, 자기 전파이다. 즉 자체의 노력에 의해 지역과 인근지역을 통하여 확산될 수 있었다. 자체의 사역자와 사역을 생산하고 그리스도인 자신들의 노력으로 널리 확산되었다.

둘째는, 자치이다. 지역의 회심자들로부터 성령에 의해 세움을 받은 사람들로 운영되었다.

셋째는, 자급이다. 사역의 비용을 채우기 위해 외국의 재정에 의존하지 않았다.

핫지스의 신약교회는 외부의 사역자나 기금에 의존하지 않고 단지 지역 지체들에 의해서 스스로 충족이 되었음을 강조한다. 이는 교회를 유지하기 위해 외부의 도움에 의존해야만 하는 오늘날의 교회들에게 시사하는 바가 크다. 그러나 현대 선교 신학자들이 3자 방법을 적극 지지하는 것은 아니다.

네비우스의 3자 방법이 사실상 교회 개척의 전부는 아니다. 그것은 중요한 원칙의 한 부분일 뿐이다. 여기에 지역 문화에 대한 접근과 타인을 위한 교회의 구체적인 사역의 포함과 함께 성경연구, 말씀선포, 영성훈련과 평신도 활용을 통한 지도력의 분담 등이 첨가되어야 한다.

현대 선교에서는 과거 한국 교회에서 구미 선교사들이 주도권을 행사함으로써 교회에 끼친 영향들을 반성하고 교훈 삼아 특별히 현지인을 중심으로 하는 선교의 전략을 세우고, 그들의 올바른 지도력을 개발

발전시키는 자세가 필연적으로 요청되고 있다.

사실 오늘날 만큼 신생교회의 독립을 요구받는 선교시대는 없었다. 그러므로 모교회와 지교회라는 관계 설정은 지교회의 독립과 동시에 지교회를 동등한 주님의 교회로서 인정해야 한다. 21세기 선교 관심은 현지에 신생교회를 설립한 후, 그 교회가 독립하도록 돕고 다시 신생교회로 하여금 새로운 지역과 사람들에게 복음을 전파하여 새로운 교회를 세우는데 초점이 맞추어져야 한다. 이것은 가장 성경적이며 우리 시대에 새롭게 조명되어야 할 전략이다.

(2) 교회성장학파의 방법론

네비우스 선교 전략 이후 오늘날 교회 개척 전략의 실천적, 학문적 선구자는 교회성장학파이다. 그들의 경험과 연구는 오늘날 교회 성장이나 개척 전략의 축을 이루고 있다. 그러나 오늘날에는 교회 개척의 목표를 교회의 재생산에 두는 경향이 있다. 재생산하는 개척 교회가 그 목표가 되는 것이다. 피터 왜그너는 그들이 말하는 교회 성장학파의 교회 성장을 네 가지 유형으로 분류했다.

첫째, 내적 성장으로서 그리스도인이 은혜 가운데 하나님과 이웃과의 관계에서 성장하는 것을 말한다.

둘째, 팽창 성장은 그 교회가 사역하는 지역 내에 비그리스도인들을 복음화함으로써 지역교회가 성장하는 것이다.

셋째, 확장 성장은 일반적으로 같은 동질적인 그룹 내에서 교회를 개척함으로서 교회가 성장하는 것이다.

넷째, 선교 성장은 다른 문화권에서 교회를 설립함으로써 교회가 성장하는 것이다.

그러나 이러한 네 가지 성장의 유형은 수적으로나 지리적으로 편협성을 띠고 있으며 거시적인 안목에서 하나님 나라에 대한 깊고 넓은 성숙을 잃어버렸다는 것이다. 따라서 이러한 그들의 원리는 성경적인 원리 이전에 교회성장학파에 의해 선교현장의 사례연구를 통해 얻어진 통계적 결론이라고 해도 과언이 아니다.

테리 헐버트(Terry C. Hulbert)는 교회성장운동이 강조하는 다섯 가지 기본 개념을 다음과 같이 정리하였다.

첫째, 교회 구성원으로서의 신자 구성원의 증가와 그들의 영적 성장의 개발은 교회의 가장 높은 우선순위에 있다.

둘째, 전도에 있어서 가장 거대한 인적 그리고 재정적 자본은 그곳의 사람들로서 가장 예민하게 알려져 있다.

셋째, 사람들의 집단적 회심은 복음전략으로서 가능하고 바람직하다.

넷째, 인류학과 사회학이 통찰력이 선교전략, 특히 복음의 의사소통에 적용된다.

다섯째, 회심자들과 회중들 중에서 의미 있는 성장은 기대되고 기획되고 계획된다.

"그들의 성장 목표는 과연 정당한가?" "그들의 목표는 과연 성경적인 교회관에 의한 것인가?"라는 질문을 할 수 있다. 교회의 우선순위는 수적 증가에 있는 것도 아니고 영적 성장의 개발에 있는 것도 아니다. 교회의 주인 되신 주님의 존귀함에 있다. 초대교회가 성장을 목표로 세워진 것이 아니며 그들은 주님을 높이고 증거하고 모이고 교제했다. 다만 그들은 성장이라는 당연한 결과를 얻었던 것이다. 집단적 회심의 유도는 가능한 전략이나 이것이 전도 접촉의 우선적인 대상이 될 수는 없다.

맥가브란의 동료인 티페트(A. Tippet)조차, 맥가브란이 양적인 성장을 지나치게 강조하고 있다고 인정하면서 티페트 자신이 말한 '유기적 성장'이 불행하게도 그의 관심에서 제외되었다고 지적했다. 유진 니이다도 맥가브란의 숫자적 팽창에 대한 지나친 강조에 대하여 경고하고 있다. 게다가 종족, 계급, 어떤 사회 부류가 복음이 전파되는 가장 적합한 수단이라고 보는 맥가브란의 생각은 심각한 문제를 야기시킨다.

성경의 교회성장은 티페트가 주장하는 유기적인 성장을 더 지지한다. 누가는 사도행전에서 지리적 확장과 함께, 수적인 성장에 관심을 보였는데 이는 목표로서의 숫자가 아니라 결과로서의 숫자적 관심임을 보여주고 있다(행 6:7, 9:31, 13:49, 16:5, 19:20). 부활 후 예루살렘에 있던 제자들의 공동체는 약 120명으로 시작된다(행 1:15). 오순절의 회심자가 '약 3천'으로 세워졌다(행 2:41). 성장은 '날마다' 계속되었고(행 2:47) 공동체는 약 5천 명의 남자를 포함한다. 즉 여자를 세지 않고 남녀의 무리가 계속 더해졌다(행 5:14). 제자들의 구성원들이 '크게 배가되었고', '많은 제사장들'이 포함되었다(행 6:1, 7). 오래지 않아, 유대교 지도자들로부터의 핍박은 사도들을 제외한 대부분의 교회를 흩어 버렸다(행 8:1). 그럼에도 불구하고 팔레스타인의 믿음의 공동체는 계속 성장한다(행 9:31, 12:24). 시간이 지난 후 바울이 예루살렘을 방문할 때에 "유대인들 중에 수천 명이 믿었다"(행 21:20)라고 말한다.

이는 누가가 수적인 성장을 목표로 삼았던 것이 아니라, 성령의 주권적 사역의 결과를 숫자적으로 강조함으로써 성장의 요약을 제공하고 있다. 그렇기 때문에 오늘날의 모든 교회가 수적인 성장 목표를 설정해야 한다는 것은 주의를 요하는 일이다.

한편 코펠란드는 사도행전을 통해 교회성장학파의 주장들을 비평하면서 진정한 교회 성장을 다음과 같이 말한다.

첫째, 사도행전에서 교회성장은 수적 증가와 지리적 확장뿐만 아니라 윤리적, 영적 측면에서의 성장이다.

둘째, 사도행전에서 교회성장은 이질적인 구성원들에게 프리미엄을 두고 있다.

셋째, 사도행전에서 선교 전략은 인간 능력과 신적 지도와 능력 양쪽의 협력이다. 증거를 위해 전 교회를 무장시키신 분은 성령이다.

넷째, 사도행전 저자에게 가장 중요한 것은, 가려지고 타협된 것은 보편적 성격들(종교, 민족, 계층)로부터 복음의 자유이다.

다섯째, 복음의 강조(예수의 강조)가 하나님 나라에 대한 것이라는 누가의 증거는 참되다.

여섯째, 왕국과 왕에 대한 헌신은 고통의 값이 포함된다.

이상에서 주장되고 비평되는 내용을 통해서 교회성장학파의 교회성장에 대한 내용들을 다음 몇 가지로 정리할 수 있다.

첫째, 이들 학파의 이론적 근거가 성경에서 출발하기보다는 사례 연구에 치중되는 경향이 있고, 둘째, 교회성장은 하나님 나라의 안목으로 보아야 하며 교회성장은 수적 성장, 지리적 확장과 함께 영적, 윤리적인 면에서의 유기적 성장과 성숙이다. 셋째, 복음 수용에 따른 이질적 집단에 대한 비접근성은 분명히 사랑에 의한 선교가 아니며 그릇된 선교 전략이다. 동질 집단을 통한 선교 전략은 성경의 우선적인 요구가 아니며 가장 바람직했던 초대교회의 선교 모습은 이질 집단으로 구성되고 있었음이 분명하다. 넷째, 평신도의 지도력 위임과 선교 현지 중심의 교회성장 추구는 매우 바람직하며 강력한 선교 전략이다.

제2장
교회 개척을 위한 리더십

교회 개척 목회자의 자질론

교회 개척에 이상적인 리더

교회 개척의 리더십

제2장

교회 개척을 위한 리더십

1. 교회 개척 목회자의 자질론

(1) 개척 교회 목회자와 소명의식

개척자들은 기성교회 목회자들보다 특별한 자질을 구비해야 한다. 그것은 개척자들의 목회가 건물 없는 목회와 교인 없는 목회도 해야 하고 또 교회에 찾아오는 사람들은 전혀 생소한 사람들이기 때문이다. 그러므로 교회 개척자는 특별한 소명감과 철저한 신앙, 풍부한 지식과 교양, 인내력을 필요로 한다. 특히 설교에 유능해야 한다. 언행이 일치되어야 한다.

홍정길 목사는 "교회 개척에 있어서 가장 중요한 핵심은 교회 개척 의지가 뚜렷한 하나님의 사람, 즉 목회 지도자이다"라고 말하면서 목회자의 본질적인 자질과 개척 교회 목회자가 갖추어야 할 자질에 대하여 다음과 같이 말하였다. 그가 지적하고 있는 목회자의 자질은 다음과 같이 정리할 수 있다.

첫째, 교회를 세우려는 사람에게 있어서 가장 중요한 것은 '예수 그리스도가 구세주와 주님이 되신다' 는 신앙고백이다. 교회를 개척하는 목회자는 앞에 강이 있으면 뗏목을 만들고, 땅이 패이고, 웅덩이가 있으면 그 웅덩이를 메우고, 홍해가 있으면 바닷길을 갈라서라도 앞으로 나아가려는 추진력이 필요하다. 그러나 그보다 선행되어야 할 필수조건은 예수 그리스도를 구세주로 믿는다는 신앙고백이다. 신학교를 졸업한 뒤 운전면허증을 취득하는 것처럼 강도사 고시, 목사 고시를 보고, 그 다음 절차에 의해 목사 안수를 받는데 안타깝게도 이것은 개인의 구원의 확신과는 별개인 경우가 너무 많다. 교회 개척은 무엇보다도 '하나님의 사람으로서 진정 주님이 걸어가신 피의 구속을 경험했는가! 그 감동이 내 가슴에 살아 있는가!' 하는 고백이 분명한 사람이 해야 한다. 이것은 내게 감동이 있어야 상대편을 감동시킬 수 있다는 뜻이다. 나 자신에게도 없을 확신을 결코 다른 사람에게 줄 수는 없다.

둘째, 죄의 문제를 해결하는 능력이다. 구원받은 다음에도 우리는 역시 죄의 형벌, 죄의 영향권 속에서 고통을 겪게 된다. 우리는 연약하기 때문에 유혹 앞에 쉽게 무너진다. 누구나 그렇지만 목회자는 특히 예수 그리스도의 십자가의 사건에 의지해 그때그때 죄를 해결할 수 있어야 한다. 죄를 해결할뿐 아니라 즉시 일어설 수 있는 은혜가 필요하다. 다시 말해 우리 죄를 자백하여 "미쁘시고 의로우사 우리 죄를 사하시며 모든 불의에서 우리를 깨끗케 하시는"(요일 1:9) 그분으로 인해서 죄 사함의 삶을 살아야 하는 것이다. 죄는 하나님의 자녀를 결코 멸망시킬 수 없다. 그러나 죄 안에 머물러 있는 것은 또 다른 문제이다. 죄 지었을 때 하나님 앞에 그 죄를 자백하고 다시 일어서서 은혜를 구하는 것이 용기이다. 그렇기 때문에 교회를 세우는 목회자들은 그날그날의 삶 속에서 죄의 문제를 해결해야 한다. 이것은 다른 사람에게 하나님의 용서와 평화를 가르쳐주는 지름길이다. 내가 그 경험을 가질 때 세상의 다른 심령들을 향해서 하나님의 그 놀라운 용서와 평강을 온전하게 전해줄 수 있다.

셋째, 하나님 말씀을 전하는 능력이다. 목회자의 최대 관건은 '하나님이 내게 맡기신 말씀을 어떻게 증거하느냐'이다. 특별히 설교를 어떤 대상에게, 어떤 넓이로 전하느냐에 따라 청중의 집중력이 결정된다. 한국의 유명한 목회자들의 특징은 그 설교의 범위가 넓은 데 있다. 좁은 설교는 좁은 청중을 형성한다. 특별히 교회 개척을 생각하는 목회자들은, 예수 밖에 있는 사람들이 예수 그리스도를 구세주와 주님으로 영접할 수 있도록 하는 전도 설교에 능해야 한다. 또 하나는 성도들을 하나님의 말씀으로 양육하는 프로그램을 개발해야 한다. 즉 '한 사람에게 전도해서 어떻게 그 사람이 다른 사람을 도울 수 있는 데까지 섬길 수 있을까? 어떻게 가르치는 프로그램을 가질 수 있을까?'를 끊임없이 고민하고 연구해야 한다. 한 사람을 변화시킬 수 있다면 그것은 열 사람에게도 가능하다. 그 하나는 열뿐만 아니라 백도 되고 천도 된다. 많은 목회자들이 한꺼번에 많은 사람을 모을 생각을 한다. 그러나 한 사람이 모이지 않는데 어떻게 수많은 사람이 모이겠는가? 한 사람에게의 가르침을 주는 훈련이 목회자 속에 내재되어야 한다.

넷째, 바른 삶이다. 때때로 목회 초기에는 사람들이 많이 모이는데, 어느 정도 시간이 지나면서 사람들이 그 목회자를 떠나는 경우가 종종 있다. 사람들이 그 옆에 오래 있으면 있을수록 고통을 받고 상처를 받기 때문이고 이는 목회자의 인격적인 결함에서 비롯된다. 자기 삶이 하나님 앞에 온전하게 서 있지 못하기 때문이다.

누구든지 부족하기는 마찬가지이다. 누구나 잘못할 수 있다. 그런데 그 잘못을 고치지 않거나 그 죄를 회개하지 않는 것이 문제이다. 연약함을 고백하고 하나님의 은총과 자비를 구하며 온전한 의를 사모할 때 하나님께서 풍성한 삶을 주시는 것이다. 이러한 목회자를 가리켜 성경은 "감독이 다른 사람에게 책망 받을 일이 없다"(딤전 3:2)라고 기록하고 있다. 디모데전서 3장 1~7절에 "어떤 사람이 장로가 되어야 할 것인가"에 대한 기록이 있다. 놀라운 것은 그 사람이 어떤 은사를 가졌는가, 어떤 교육을 받았는가에 관심을 두기보다는 대부분 성품에 관한 것이라는 점이다. 그러므로 목회자는 하나님 앞에서 바른 성품으로 날마다 다듬어져야 한다. 우리는 언제든지 잘못할 수 있다. 그러나 거기에 머물러서는 안 된다. 온전함을 향해서 날마다 나아가야 한다. 교회는 이러한 목회자의 인격적인 토대 위에서 성장할 수 있다. 성도들은 그런 목회자를 중심으로 모이고, 그렇게 세워진 권위는 결국 바른 목회를 할 수 있게 한다.

목사에 대한 교인들의 바램을 통계로 조사한 바에 따르면 다음과 같다.

설교를 잘해야 한다(38.6퍼센트).
성령의 은사를 지녀야 한다(1.7퍼센트).
학식이 풍부해야 한다(0.6 퍼센트).
언행이 일치해야 한다(32.9퍼센트).
교인들을 잘 보살펴야 한다(5.7퍼센트).
교회를 잘 관리해야 한다(1.3퍼센트).
사회의식이 있어야 한다(1.3퍼센트).
기타(1.9퍼센트)

위 통계에서 보면 목회자들에 대한 교인들의 요구사항 중 첫째가 '설교'(38.6퍼센트)이다. 설교는 목회자의 생명과도 같다. 오늘날 사회는 급진적인 지식문명의 발전에 의해 각 분야가 분화 독립해 감에 따라 전문적인 지식과 기능을 양성하여 날루 발전해 가는 현상을 볼 수 있다. 그와 더불어 현대 목회도 각 분야로 다원화 되는 추세이다. 이 점을 파악하지 못하면 목회는 실패할 수밖에 없다. 현대 사회는 과거와 같이 단순할 수가 없고 복잡함 속에서 혼란을 자아낼 수밖에 없다. 따라서 목회는 위기 경험이 잦을 수 밖에 없다.

목회자들에 대한 두 번째 요구사항은 '언행일치' (32.9퍼센트)이다. 목회자는 설교나 교육, 대화를 통하여 입으로 전하는 말씀의 내용과 생활이 일치해야 한다. 그렇지 못할 경우, 교회성장과 복음이 전파되는 데 있어서 오히려 그와 같은 노력들이 암적인 요소가 될 것이다. 교인들은 목회자의 설교와 교훈을 듣고 배운다. 그리고 목회자의 생활을 보면서 실천적인 신앙과 삶의 훈련을 받게 된다. 많은 사람들로부터 "목사님이 전하는 메시지는 좋으나 그 생활이 일치되지 못한다"는 평을 듣는다면 복음전파는 어려울 것이다. 전하는 내용이 아무리 좋을지라도 목회자 자신의 생활로 증명하지 못하면 은혜 중에 전한 설교도 그 진정한 복음적 의미가 불투명해질 수밖에 없다.

요구사항 중에서 중요한 또 하나는, 성령의 은사를 지녀야 한다는 (1.7퍼센트) 것이다. 목회자는 성령의 은사를 항상 경험하면서 살아야 한다. 천지창조 때에 '하나님의 신이 수면에 운행' 하신 그 성령의 역사하심은 예수 그리스도를 통한 복음으로 인류의 구속사업을 완성하셨고 지금도 복음 전도자들과 함께 일하시며 성공하도록 인도하고 계신다. 그 어떤 교회 개척자도 성령의 은사의 체험이 없이는 실패할 수밖에 없다.

초대교회 부흥의 역사는 성령의 역사로만 이루어진 것이었다. 그때와 다름없이 오늘의 목회자 역시 성령이 충만하게 역사하는 중에 힘을 얻었을 때 목회를 잘하게 된다.

그런데 성령의 역사는 목회자의 목회생활에서나 교인들의 신앙생활에 있어서 가장 중요한 것이지만 또한 이 성령운동 때문에 영적으로 혼란한 문제가 발생하기도 한다. 그러므로 목회자는 항상 성령의 은사의 체험이 있어서 성령을 받는다고 서두르다가 잘못되는 신자들을 바로잡아 주고 올바른 길로 인도하며 잘 지도해야 할 책임이 있다.

기독교 신앙은 계시 의존 신앙이라고 할 수 있다. 이 신앙은 성령께서 역사하심으로 하나님의 말씀에만 의존하게 한다. 하나님께서 우리로 하여금 성경 말씀으로만 충족하게 하고 성경 말씀을 바로 이해하도록 인도하여 주시며 설교 중에 능력이 나타나게 하신다. 그러므로 목회자는 교회를 부흥케 하시는 성령의 도구가 될 때 겸손하게 일하게 되고 교회도 성장하게 된다.

(2) 목회자의 메시지

복음 중심의 사역에 있어서 말씀 선포는 가장 중요한 사역이다. 특히 개척 교회에 찾아오는 사람들은 영적 고갈과 심적 불안을 가지고 찾아오는 사람들이 대부분이다. 그러므로 그들에게 들려주어야 할 설교는 항상 복음적인 설교라야 한다. 복음의 중심 내용은 그리스도와 그분의 십자가가 이다. 복음이란 희랍어 유앙겔리온(ευαγγελιον)에서 유래하였는데, 이 용어는 근본적으로 구원의 메시지, 즉 하나님의 말씀과 결부되어 있다. 그러므로 복음은 어떤 제한된 진리가 아니라 오히려 하나님이 말씀한 사실의 선포이다. 복음은 그리스도 자신이며 그리스도는 하나님의 능력이요, 구원이시다.

메시아에 대하여 물어온 세례 요한의 제자들에게 "예수께서 대답하여 가라사대 너희는 가서 듣고 본 것을 요한에게 고하되 소경이 보며 앉은뱅이가 걸으며 문둥이가 깨끗함을 받으며 복음이 전파 된다고 하라"(마 11:5)고 말씀하셨다. 그러므로 그리스도의 말씀과 십자가를 통한 구속의 은총은 수십 억 인류에게 있어서 누구에게나 복음인 것이다. 복음적 설교에는 그리스도의 십자가와 부활과 사랑이 나타나서 각종 불행한 자와 소경, 앉은뱅이, 문둥병자와 귀머거리, 가난한 자 등 모든 사람들이 다 나와서 멸시와 천대와 슬픔을 당한 상처를 위로와 사랑으로 고침을 받고 힘을 얻어 기쁨으로 구원에 이르게 된다.

만일 목회자의 설교가 인간의 지식과 사회적인 소리로만 들리게 된다면 그리스도의 복음은 은총보다 사람의 소리로 남아 그 설교를 듣는 자의 영혼이 죽게 된다. 반면에 복음적 설교는 고난당하는 자에게 주시는 위로와 축복, 그리고 그리스도인들이 지니고 나가야 할 십자가와 구속의 은총에 대한 확신을 갖게 한다.

예배 모범에 있는 설교에 관한 몇 가지 지시 사항을 요약하면 다음과 같다. 첫째, 진리를 분별할 것. 둘째, 교리와 행위에 대하여 밝히 지도해줄 것. 셋째, 목적은 명확히 한 가지로 정하고 그 설명은 쉬운 말로 할 것. 넷째, 시간을 길게 잡지 말 것. 다섯째, 설교자의 지식이나 재능을 자랑하지 말 것. 여섯째, 설교자는 그 행실로 모범이 되어야 할 것 등이다. 그리스도의 복음적 설교가 있는 곳에는 새로운 영적 생명이 자라고 기쁨을 가지고 살아가게 된다.

설교는 성경이 중심이 되어야 한다. 만일 설교자가 성경 본문을 읽었더라도 성경이 설교의 중심이 되지 않고 세상 지식이나 역사적인 이야기만 하다가 설교가 끝난다면 그것은 성경 중심의 설교가 아니며 듣는 이들에게 은혜와 축복이 될 수 없다.

성경은 기자들이 하나님으로부터 영감을 받아서 기록한 하나님의 말씀이다. 성경은 영감의 책이기 때문에 성경을 읽고 듣고 깨닫는 자들에게 성령의 감동이 있다. 아브라함 카이퍼는 "설교는 성경만을(Scriptura Sola), 성경의 전부를(Scriptura tota), 바르고 순수하게(Scriptura para) 말하는 것이다"라고 했다.

그러므로 성경 중심의 설교만이 시대의 변천에 관계없이 건강한 설교가 되는 것이다. 성경은 하나님의 말씀이다. 이것이 우리의 신앙이다. 성령으로 영감되고 감화 감동된 진리를 우리의 모든 이웃에게 나누어 주는 것이 우리의 크나 큰 특권임과 동시에 막중한 책임임을 알아야 한다. 성경은 하나님의 말씀이요, 설교는 하나님의 말씀 선포이며 목사의 설교 그 자체가 전도이기 때문에 설교는 언제나 성경 중심적이어야 한다.

성령께서 인도하시는 설교는 하나님이 말씀이 사람을 통하여 전달되는 것이다. 말씀이 우리에게 이해되기 위해서는 인간적인 방법으로 사람의 언어를 통하여 사람의 습관과 배경을 참작하면서 인격과 모든 사상을 유기적으로 연관시킬 필요가 있어서 하나님께서는 말씀의 사도와 선지자를 통하여 우리에게 주신 것이다. 로버트 슐러(Robert H.

Schuller)는 "목회 성공의 세 가지 비결 중 하나가 강단 사역인데 영감이 가득 찬 설교야말로 말씀에 굶주린 영혼들이 몰려들게 하는 것"이라고 했다.

그러나 하나님의 말씀을 전한다 해도 성령이 역사하시지 않으면 그 설교는 사람의 감정만 움직일 뿐이다. 베드로의 설교를 듣고 하루에 3,000명씩이나 회개한 역사가 일어난 것은 그 말씀 속에 성령이 역사하셨기 때문이다. 그러므로 설교자가 설교를 준비하는 동안에도 그 말씀 속에 성령의 역사를 기다리며 간절히 기도하며 나갈 때 그 설교는 은혜와 축복이 임하게 되어서 청중들에게 감사와 기쁨이 넘칠 것이다.

(3) 목회자와 기도생활

목사의 생활은 경건해야 하고 신자들의 모범이 되어야 한다. 그러므로 기도생활을 게을리 하면 안 된다. 목사의 생활은 기도의 생활이다. 어떠한 처지와 형편에 처하든지 일정한 시간을 정해 놓고 생사에 관한 큰 사건이 돌발하는 경우 외에는 기도시간을 어기지 말아야 한다.

한국 교회 초창기의 발전은 성도들의 기도로 이루어졌다. 곽안련은 이를 이렇게 소개한다.

"1907년 1월에 평양 장대현교회가 부흥하니라. 1월 평남 도 사경회 때에 각 학교에서도 성신 받기 위하여 300여 명의 소학생 일동이 회개 통곡하니."

신자의 기도생활은 하나님과의 대화의 시간이요, 은혜받는 시간이며 교회 부흥의 원인이 된다. 기도는 주님의 명령이다.

진정한 부흥을 원하는 목사는 어느 누구보다도 기도에 시간과 열정을 바쳐야 한다. 목회자의 설교에 하나님은 기도를 통하여 힘을 주시고 영력을 더해주신다. "무디가 부흥의 역사를 이룰 수 있었던 이유 중에 하나는 기도에 충실했기 때문이다"라고 리차드 토리(Richard A. Torry)는 분석한다. 목사의 기도생활이 교인들의 신앙생활에 큰 도움이 된다. 그러므로 열정으로 기도하는 생활을 게을리 하지 말아야 한다.

찬송과 설교에 드리는 기도는 목회적 기도로써 공식기도이다. 이것이 교회공동체의 간구인 만큼 기도자는 모든 공적인 사항을 구해야 한다. 예배 모범 본문에 열거된 모든 항목들은 그 내용을 한 번에 다 말해야 되는 것이 아니고 그중에 얼마를 필요한 대로 내용으로 할 수 있다.

목사의 기도는 교인들로 하여금 은혜와 복을 받도록 간구하는 축복기도이다. 기도하는 자에게 은혜를 주시고, 축복을 주시고, 능력을 주신다. 기도하지 않는 자는 능력 있는 설교와 힘찬 목회를 할 수 없다. 목사의 기도생활이 교회 부흥에 결정적인 역할을 한다는 것은 아무리 강조해도 부족함이 없다. 그러므로 목사는 영혼들을 위해서 열정적으로 기도해야 한다.

(4) 목회자와 성령의 역사

사도행전에 나타난 초대교회의 역사는 성령의 역사로 가능했다. 그리스도인들이 기도하는 궁극적 이유는 성령의 능력을 받아 성령께서 일하시도록 하는 데 있다. 기도에 관한 거의 대부분의 책들이 성령충만의 방법으로 기도할 것을 요구한다.

목회는 학식이나 기술, 수단과 방법으로는 성공할 수 없다. 사도행전에서는 성령께서 초대교회를 세우신 것을 본다. 교회는 그리스도께서 머리가 되시고 성령께서 교회의 구성원이 되도록 인도하신다. 그러므로 목회사역은 성령의 역사 없이는 성공할 수 없다.

복음이 유대지방과 소아시아 지방, 지중해를 건너 유럽에까지 전파된 것은 성령의 역사에 의한 것이다. 성령은 예배의 원동력이다. 그러므로 예배에서 성령의 역할을 알지 못하고는 신령과 진정으로 예배드릴 수 없다. 아울러 예배가 참된 영적 예배가 되기 위해서는 진정한 의미의 예배의식이 필요하다.

한국 기독교 신자들의 성령 체험에 대한 견해는 다음과 같다.

첫째, 반드시 성령 체험이 있어야 한다(58.5퍼센트).
둘째, 성령 체험이 있으면 좋다(35.9퍼센트).
셋째, 성령체험이 없어도 된다(2.7퍼센트).
넷째, 성령체험이 필요없다(0.9퍼센트).

성령의 역사는 믿음 없는 자에게 구원의 확신을 주며 기도하게 하고, 전도하게 하고, 봉사하게 하고, 성도의 교제를 갖게 하고, 병을 고치며, 이기게 하고 교회의 부흥을 일으킨다. 그러므로 목회자는 성령의 역사하심을 간절히 사모하여 성령충만한 목회자가 되어 성령의 도구로 사용될 때 승리하는 목회자가 될 수 있다.

(5) 목회자와 새신자 양육

새신자들은 마음에 죄악과 허물로 인한 불안을 가지고 교회에 나온다. 교회는 기쁨으로 그들을 맞이하고, 사랑으로 감싸주고, 돌보며 위로해 주며, 구세주 예수를 소개하여 믿게 하고 잘 양육하여 참 하나님의 자녀가 될 수 있도록 협력하며 육성해야 한다. 사람을 출생 때부터 잘 양육해야 자란 후에도 건강한 것처럼 교회에서도 출생하는 새신자들을 돌보는 팀이 있어야 한다. 이들을 안내하고, 새신자들에게 목사에 대한 소개 및 기초 신앙에 대해서 설명을 하고 다과를 대접하며 선물을 준비하여 전달하는 등의 관리를 해야 한다.

회심자를 돌보는 일도 기회를 잃지 말고 즉시 시행해야 한다. 예수 그리스도를 영접하고 교회에 찾아온 이들에 대하여 최선을 다해야 한다. 회심자를 돌보는 일은 진정한 믿음에 기초를 두어야 하며 그때 그 사람의 결심은 감정적인 체험 이상의 것이다.

해마다 많은 사람들이 교회 문을 두드린다. 물론 그중에는 자발적으로 찾아오는 이들도 있고, 전도를 받고 오는 이도 있다. 그러나 그들이 며칠 혹은 몇 주일 지나면 안 보이는 경우가 허다하다. 교회에 등록하고 인사 소개하는 사람의 수는 상당히 많았는데 출석하는 교인의 수에는 왜 변함이 없는가?

그것은 그들에 대한 안내, 교육, 훈련에 대한 프로그램이 부족하기 때문이다. 또한 그들에 대한 관심이 부족하기 때문이다. 교회가 해야 할 일을 하지 못하기 때문에 많은 회심자를 잃고 있는 것이다. 그러므로 교회에서는 전도 집회나 개인 전도를 통하여 주님을 영접한 사람들이 하나님의 나라에서 건강하게 출생할 수 있도록 할 수 있는 모든 일을 해야 한다. 우리의 과제는 뭇사람에게 예수 그리스도를 증거하여 영혼을 구원하는 일에만 국한된 것이 아니라, 새신자 양육을 통하여 그들의 신앙이 성장할 수 있도록 도와주는 데까지 이어져야 한다.

목회자는 상담을 통하여 새신자들을 파악하고 잘 지도해야 한다. 새신자들 중에는 구도자도 있고, 낙심했다가 돌아오는 자도 있고, 개종자들도 있고 이사로 전입해 오는 자들도 있고, 기존 교회에서의 불만 때문에 오는 자들도 있을 것이다. 우리는 그들을 따뜻한 사랑으로 감싸주고 위로해야 하며 목회자들은 새신자들을 잘 파악하여 그들의 성격과 생활과 상처를 알아서 믿음과 사랑으로 잘 지도해야 한다. 양들은 내 양이 아니라 위탁받은 주님의 양이다. 목회자의 임무는 그들을 조심스럽게 양육하여 주님께 드리는 것이다. 그래서 그들의 신앙이 성장하여 열매를 맺도록 힘써야 한다.

바울은 데살로니가교회를 향하여 "유모가 자기 자녀들을 양육하듯이 새신자를 대하라"고 하였다.

"너희 중에 있는 양 무리를 치되 부득이 함으로 하지 말고 오직 하나님의 뜻을 좇아 자원함으로 하며 더러운 이를 위하여 하지 말고 오직 즐거운 뜻으로 하며 맡기운 자들에게 주장하는 자세를 하지 말고 오직 양 무리의 본이 되라 그리하면 목자장이 나타나실 때에 시들지 아니하고 영광의 면류관을 얻으리라."

목회자는 어린 자녀들의 부모가 젖이나 부드러운 음식을 먹여서 자녀를 양육하는 것처럼 새신자들을 정성을 다하여 길러야 한다.

(6) 목회자와 교회 교육

교회에서는 직분자들을 세워서 교회 직무를 분담해서 효과적으로 능률적으로 처리해야 한다. 그렇게 함으로써 목사의 직무가 가벼워지고 교인들은 보람을 갖고 교회 봉사를 충성스럽게 감당하게 된다. 그렇지 못하면 목사 혼자서 수고는 다하고 '목사의 독재'라는 말을 듣게 된다. 교회의 직분은 봉사직이다.

목사, 장로, 권사, 집사, 그리고 임시직으로는 전도사와 서리 집사 등 주의 일꾼들을 세워서 각 분야에서 힘을 다하여 봉사함으로써 교회는 성장한다. 그러나 교회 직분자들을 세울 때에는 신중을 기해야 한다. 기도에 힘쓰고 믿음 안에서 살려고 애를 쓰는 자, 인격적으로 지식적으로 윤리적으로 덕이 되는 사람을 세워야 한다. 교회가 은혜롭게 성장해 가는 데는 좋은 직분자들이 믿음 안에서 잘 봉사하는 자세가 무엇보다 필요하다. 이밖에도 주일학교 교사나 성가대, 구역장 등을 세워서 일하게 한다.

교회가 튼튼하게 성장하는 길은 직분자들의 철저한 교육에 있다. 교회의 교육기관에는 주일학교가 있고 주일학교는 유치부, 유년부, 초등부, 중등부, 고등부, 대학부, 청·장년부 등으로 나누어서 교육한다. 그러나 교회마다 직분자들에 대한 교육은 빈약하다. 물론 큰 교회에서는 잘 하겠지만 중·소교회, 특히 개척 교회에서는 어려운 형편이다.

직분자들에 대한 교육내용은 성경 연구, 조직신학, 교회사, 교회헌법, 성경주석, 종교음악, 기도생활, 개인전도법 등 다양한 교육이 필요하다. 그리고 모든 교육은 언제나 신앙중심, 성경중심의 교육이 되어야 하며 성령의 역사 안에서 이루어져야 한다. 목사는 직분자 교육에 깊은 관심을 가지고 열심히 노력해야 한다. 교육을 받지 않은 자는 봉사하기도 어렵다. 연말 연시, 혹은 1년에 몇 번씩 그들에 대한 교육을 반드시 실시해야 한다. 아울러 교회에서는 목사후보생인 신학생을 많이 양성해서 그들이 복음전도에 힘쓰도록 협력해 주고 그들이 활동할 때 교회성장에 큰 힘이 된다.

2. 교회 개척에 이상적인 리더

오늘날처럼 전문화 되고 세분화 된 사회에서는 각계 각층 사람들의 영혼을 돌보며 하나님의 나라 건설에 유능한 목회지도자가 반드시 필요하다. 사람들은 보다 많이 배운 사람(learner), 잘 가르치는 사람(educator), 잘 다스리는 사람(administrator), 바르게 실천하는 사람(doer), 인격적으로 격려하는 사람(encourage), 재검토하는

(reviewer) 성격의 소유자를 이상적인 지도자 상으로 생각한다.

그러나 여기서 '이상적'이란 표현은 지도자로 세워주신 하나님 앞에서 이상적이라는 의미이다. 복음서를 보면 예수 그리스도께서는 종의 리더십, 청지기의 리더십 그리고 목자의 리더십을 행사하신 것을 알 수 있다. 그분은 제자들의 발을 씻겨 주시는 섬기는 종이었다. 예수 그리스도의 삶은 곧 이상적인 목회 지도력의 모형이다. 예수 그리스도의 발자취를 따라 오늘의 한국 교회에서 요청되는 이상적인 목회지도력에 있어서 개발되어야 할 기술(skill)들을 일곱 가지로 나누면 다음과 같다.

(1) 비전의 사람

비전은 하나님께서 우리의 마음에 주시는 어떤 목표를 섬김으로써 하나님으로부터 오는 것이다(행 2:17). 실상 비전이라고 할 때, 이것은 안 보이는 것을 보는 능력이라기보다는 다른 사람들이 보통 간과해 버리기 쉬운 것을 확실히 보는 능력이다. 비전은 그렇게 될 필요가 있는 것을 보는 것이며, 어떻게 그것을 잘 할 수 있느냐 하는 것이다.

명확한 비전과 그 비전을 이루기 위한 전략이 없이 교회를 개척하려고 하는 사람은 마치 목적지와 지도도 없이 운전하는 사람과 같다. 비전화 작업은 단순히 꿈꾸는 것과는 다르다. 특수한 교회에 대한 하나님의 마음을 찾는 것이다. 비전을 구체적으로 이루기 위해서 리더들은 하나님으로부터 오는 비전을 가꾸어 가기 위한 규칙적인 시간을 갖고, 리더 모임이나 연합 모임을 통해 비전과 가치들을 지속적으로 또 창조적으로 계속 확인하며, 비전과 가치에 대한 헌신이 깊어지고, 시각을 정규적으로 갱신하고 우선순위에 초점을 맞추며, 비전이 구체적인 행동계획으로 전환되어야 한다.

목회자는 늘 자신의 교회와 교인, 혹은 그 자신에 대해서 마음과 생각과 믿음을 개발하고 가능성을 발휘하여 소망 가운데서 목표를 갖게 해야 한다. 사람들은 목표에 대해 끊임없이 동기 부여를 받지 않으면 쉽게 지쳐버리거나 탈진해 버린다. 비전을 제시할 때 일의 중요성이 드러난다.

위대한 전도자 무디는 예수님께서 5,000명을 먹이셨다는 말씀 옆에 "만일 하나님이 당신의 파트너가 된다면 작은 계획을 세우지 말라"는 말을 썼다. 목회자는 예수님을 통하여 사람들로 하여금 세상을 이기게 하는 비전을 갖게 하는 존재로서 새로운 건물을 짓고, 스테프들을 더하며, 복음을 지역사회에 침투시키고, 기타 하나님의 위대한 일을 수행하도록 도전을 주어야 한다.

(2) 지력이 있는 사람

지도자는 항상 배우려는 자세가 필요하다. 목회자도 역시 교회와 마찬가지로 성장을 멈추어서는 안 된다. 모든 생명 있는 유기체는 성장을 하고 교회가 예수 그리스도의 몸의 유기적 기능을 가진다고 할 때, 목회자 역시 계속 성장해야 한다. 성장을 위해 목회자는 늘 배우려는 마음이 있어야 한다.

　모든 것을 다 안다는 식의 태도를 가진 목회자는 인간관계에서 결정적으로 파괴적인 역할을 한다. 배우려는 마음을 가질 때 겸손한 태도도 생겨나고, 항상 하나님의 뜻을 따라 자신을 변화시키려는 마음을 가질 때 배우려는 마음이 개발되는 것이다(요 7:17).

(3) 대화의 기술을 개발하는 사람

　세 번째 자질은 효과적인 대화의 기능을 잘 개발하는 사람이다. 대화를 잘할 뿐만 아니라 자기의 뜻을 정확하고 효과적으로 전달할 수 있는 사람이다. 이것은 자신의 꿈, 이상과 자신이 발견한 하나님의 뜻을 이해해서 정확하게 전달해줄 수 있는가 하는 것이다. 하나님이 주신 비전을 교우들과 함께 나눌 때 그들이 따라온다. 사람들은 자신들이 갖고 있는 꿈을 같이 볼 수 있도록 자신들이 본 꿈에 대해서 함께 열정이 생기도록 그것을 정확하고 분명하게, 그리고 쉽고 간단하게 말해 줄 수 있는 능력을 개발해야 한다. 중요한 것은 세부적인 것이 아니고 큰 원리를 전달할 줄 알아야 한다.

　또한 잘 전달하기 위해서는 잘 들어야 하는데 그 방법은 다음과 같다.

　첫째, 귀로 듣는다.

　둘째, 눈으로 듣는다.

　셋째, 머리로 듣는다.

넷째, 입으로 듣는다.

다섯째, 가슴으로 듣는다.

이렇게 자신만이 느끼는 것을 말하는 것이 아니라 다른 사람들이 솔직히 말하는 것을 존중할 줄 아는 대화가 필요하다. 우리가 원만한 의사전달을 하기 위해서는 자신이 발견한 진리, 자신이 안 것에 대하여 미쳐 버려야 한다. 그래서 그것으로 먹고, 그것으로 자고, 그것 하나를 위해서 살 때, 자나 깨나 입만 열면 그것이 나오게 되는 것이다.

(4) 사려 깊고 친절한 사람

목회는 지식의 전달이 아니다. 말씀은 입으로만 전하는 것이 아니다. 사도 바울은 "너희는 우리로 말미암아 나타난 그리스도의 편지니"(고후 3:3)라고 했다. 말씀은 인격을 통해 전달되는 메시지이다.

사전적 의미의 인격은 '말이나 행동 등에 나타나는 사람의 품격'이라고 정의되어 있다. 인격을 구비한 사람은 바른 습관을 몸에 익힌 사람이요, 안정된 성격을 소유한 사람이다. 또한 사회인으로서의 기능을 감당할 만한 책임감과 독립심을 지닌 사람으로서 원만한 대인관계에 필요한 태도를 습득한 사람이다. 많은 인간관계 속에서 생활하는 만큼 예의바른 사람이 되어야 하고 부지런한 사람이 되어야 한다.

(5) 사명의식을 가진 사람

복음에 빚진 자로서 사명감을 갖고 가슴속에서부터 주님을 사랑하며 복음운동이 너무나 절실하여 자기의 시간과 돈, 자기의 재능까지도 그저 바치고 싶은 마음이 속에서부터 우러나는 사람이어야 한다.

강준민 목사는 사명을 가진 목회자가 교회 개척 시 지불해야 할 대가에 대해 다음과 같이 말하고 있다.

첫째, 꿈의 좌절을 경험해야 했다. 개척자가 가진 것이 있다면 꿈이다. 희망이다. 모험정신이다. 새로운 일을 시도한다는 선구정신이다. 사람도 없고, 물질도 없고, 배경도 없이 복음만으로 시작하는 것이 개척이다. 젊은 신학도나 목회자들에게는 개척자가 멋있게 보일 수 있다. 그렇지만 멋만으로 정신만으로 살 수 없다. 꿈이란 그렇게 쉽게 성취되는 것이 아니기 때문이다. 개척자의 꿈이 크면 클수록 더 많은 어려움이 있다. 꿈을 성취하기 위해서는 반드시 치러야 할 대가가 있고, 통과해야 할 과정이 있다. 개척자가 치러야 할 대가 중 가장 먼저 치러야 할 것은 꿈의 좌절이다. 솔직히 말해서 나는 교회만 개척하면 구름 떼와 같이, 메추라기 떼와 같이 사람들이 모여들 것이라고 생각했다.

둘째, 영적 침체를 통과하면서 개척 교회 목자로서 치른 또 하나의 대가는 열등의식이었다. 개척할 때보다 개척 후에 더 많은 열등의식이 생긴다 교회를 개척하고 담임 목사가 되었을 때, 가장 큰 문제는 비교할 대상이 없다는 것이었다. 스스로 탁월함을 추구하지 않으면 이야기하는 사람이 아무도 없다. 웬만큼 잘해서는 잘한다고 말해주는 사람조차 없었다. 개척한 지 1~2년 동안은 조금 부족해도 개척 교회라는 것 때문에 비난 받지 않지만, 3년 정도 지났을 때 교회가 생각보다 성장하지 않으면 실력에 대한 평가를 받는다. 또한 새롭게 일어나면서 급성장하는 교회의 목회자들과 비교 당하면서 별 생각 없이 이야기하는 교인들의 말을 들으면 심한 열등감으로 고통을 받는다.

개척자는 복음이 땅 끝까지 가서 죽어가는 영혼과 낙심한 영혼이 살아날 수 있게 하고 미지근한 영혼이 새롭게 되는 일이니 내가 기뻐서 해야 된다는 것, 그래서 하나님의 일을 할 때마다 기대감으로 기도하면서 하는 사람이어야 한다. 이런 사명의 사람만이 계속해서 교인들에게 감동을 주고 그들의 마음을 움직일 수 있을 것이다.

(6) 책임의식이 있는 사람

지도자의 자질을 말할 때 빼놓을 수 없는 요소가 책임감이다. 강준민 목사는 이렇게 말했다. "담임 목사가 된 후에 내게 주어진 상급이 있다면 무거운 책임감이었다. 그런데 개척자가 된 후에는 재정에 대한 부담과 교회에서 일어나는 모든 문제에 대한 책임을 감당해야 했다. 순간 순간 내려야 할 결정들이 많았다. 설교하는 것을 배웠고, 목양하는 것을 배웠지만, 리더십에 대해서는 별로 공부해본 적이 없었던 내가 사람들을 인도한다는 것은 대단히 힘든 과업 중 하나였다."

리더십의 요소에도 책임감이 강한 성실성을 소유하는 데 있다. 천하보다 더 귀한 영혼을 돌볼 책임이 주어진 목회자의 임무는 말할 수 없이 크다. 한 영혼이라도 실족치 않도록 언제나 경계를 소홀히 해서는 안 된다. 만일 길 잃은 양이 있다면 그 양을 찾기 위하여 잃은 곳으로 찾아 나서야만 한다. 단지 책임감에서가 아니라 그 이상을 넘어 사랑을 가지고 방황하는 양이 신변의 위험과 생명을 위험을 느끼고 있을 것을 생각하면서 자기 입장과 형편을 접어두고 자식을 찾듯 찾지 않으면 안 된다. 이렇게 지도자는 책임 이상의 것을 뜨겁게 느낄 수 있어야 한다.

(7) 긍정적인 이미지의 사람

긍정적인 이미지는 자기의 모습 그대로를 하나님께 감사하는 것이다. 즉, 하나님께서 주신 모든 것에 감사하는 것이다. 생김새, 지능, 아이, 부모님, 자신이 다니는 학교에 대해서 – 하나님이 나에게 주시지 않은 것이 무엇이 있겠는가? – 있는 그대로를 다 용납하고 만족하고 감사하는 것이다. 그래서 하나에서부터 열까지 무엇이든지 기뻐하는 것이다.

그뿐만 아니라 리더십에는 긍정적인 열정이 있다. 자신이 본 비전이 너무 중요하고, 한 사람의 영혼이 구원받는 것이 매우 중요하기 때문이다. 한 사람에게 구원의 은혜를 보여줄 수 있고, 예수 그리스도를 소개시켜 줄 수 있고, 그래서 그가 하나님의 자녀가 될 수 있다면, 하나님께서 나를 오직 한 명의 구원을 위해서 사용하셔도 나는 감사할 뿐이다. 여기에 긍정적이고 낙천적인 모습이 있다.

교회를 성공적으로 개척하고 그 개척한 교회를 성장시키는 데에는 교회성장을 효율적으로 운영하는 목회자의 목회철학과 그 목회철학을 승리적으로 이끌고 나갈 수 있는 목회지도력이 절대적으로 요청된다.

3. 교회 개척 리더십

개척 교회 목회자의 자질과 목회 지도력은 여러 가지 요소로 나누어 개발해야 한다.

(1) 영적 사역(Spiritual ministry) 리더십 개발

김인중 목사는 영적 사역인 목회를 감당하기 위해서 다음과 같은 다섯 가지의 목회 원칙이 필요하다고 말한다.

첫째, 시간관리에 대한 원칙이다. 일어나는 시간과 잠자는 시간이 늘 일정해야 한다. 그리고 기도하는 시간, 설교 준비하는 시간은 늘 일정하게 비워 두어야 한다. 말씀과 기도보다 앞서면 되지 않기 때문이다.

둘째, 기도에 대한 원칙이다. 바쁜 일과로 하나님을 잊으면 안 된다. 주님과 친구가 되고 그분을 가까이 하라. 특별히 사람의 이름과 지역 이름을 불러가며 한 영혼을 사랑하는 기도인 '소울 프레이'(Soul Pray)를 권하고 싶다. 이 기도 방법은 한 영혼의 이름을 일정 시간 불러가면서 하는 기도로 하나님의 놀라운 역사를 체험하게 될 것이다.

셋째, 건강 원칙이다. 새벽기도 후 비가 오나 눈이 오나 일정량의 운동을 한다. 조깅이나 산책이 효과적이다.

넷째, 설교에 대한 원칙이다. 금요일에는 설교준비에만 전념한다.

다섯째, 탄력성 있고 생동적인 리더십 원칙이다. 어떤 사람, 어떤 사건도 나의 믿음을 성장시켜 주는 하나님의 도구이며 기회이다. 하나님께서 나의 믿음을 체질화시켜주고 리더십을 더욱 발휘하게 해주는 기

회로 받아 들여야 한다."

이러한 목회 원칙과 함께 다음 영적 사역을 위한 목회 지도력 역시 매우 중요하다.

교회를 성장시키려는 목회자가 영적 사역을 위해 개발해야 하는 리더십의 첫 번째 요소는 사랑이다. 요한일서 4장 8절은 "하나님은 사랑이시다"라고 말씀하셨고 하나님께서 만들어 가시는 리더는 자신의 사랑을 베풀 줄(self-giving) 아는 자이기 때문이다. 그리고 무엇보다도 목회자들이 감당해야 하는 것은 사랑이 식어 불법이 성하게 된 세대(마 24:12)이기 때문이다. 여러가지 문제로 혼란 속에 빠져 있는 고린도교회를 바로잡고, 온전케 하는 데에도 역시 더욱 큰 은사이며 제일 좋은 길인 사랑이다. 교회를 교회답게 하고 그리스도인을 그리스도인답게 만드는 것은 역시 하나님의 사랑이다.

참 사랑은 죄 때문에 예수 그리스도를 십자가에서 죽게 하신 사랑, 곧 아가페의 사랑이다. 아가페는 비이기적 행동과 관련된 말이다. 구약의 헤세드, 즉 변하지 않는 사랑이다. 약속을 지키는 사랑이다. 그것은 개인의 이익을 생각하지 않고 다른 사람의 안녕에 관심을 가지고 무조건적으로 주는 사랑이다.

그러므로 아가페의 기본적인 사상은 자원적인 기쁨으로 말미암은 자기 희생이다. 아가페는 사랑을 가진 자라야 다른 사람을 비방하기보다 세워 줄 수 있고 항상 격려하며 목적을 위해 최선을 추구할 수 있다. 극복하기 힘든 헤아림(consideration), 관대함(charitable), 선행

(benevolence)을 가지고 인간의 최고선을 위해 섬길 수 있는 목회자는 사랑(Agape)의 리더십을 소유한 자이다. 성경은 지도자에게 사랑의 리더십이 없으면, 유창한 말재주, 지고한 지식과 깨달음, 산을 옮길 만한 믿음의 능력, 모든 소유를 팔아 구제하는 자선, 몸을 불사르도록 내어주는 순교가 있다 해도 다른 사람에게 동기를 부여하지 못하는 비극에 빠질 수 있다고 한다.

그러므로 교회를 하나님의 뜻대로 성장시키기 원한다면 목회자는 반드시 사랑의 리더십을 개발해야 한다. 예수님이 실의에 가득 차 있는 베드로를 찾아가신 이유는 그를 사랑 속에서 다시 일으켜 세우기 위함이었다. 거듭해서 세 번씩이나 "네가 나를 사랑하느냐?"는 질문을 통해서 예수님은 베드로에게 사랑의 리더십을 견고하게 세워 주셨다. 수가 성 여인의 변화, 세리장 삭개오의 변화, 군대 귀신들린 청년의 변화는 모두 예수님의 사랑을 통해서 일어난 변화이다. 예수님과 만난 사람들은 과거와 비교할 수 없는 절대 변화를 일으켰다. 그것은 말이나 힘에 의한 것이 아니라 예수님의 자기 희생의 사랑을 통해서였다.

그렇다면 오늘의 지도자들이 변화와 사역을 통해 교회를 성장시키지 못하는 것은 세상이 더 약해졌거나 지도자 자신이 약해서가 아니다. 오히려 목회자인 그가 또는 그녀가 죄인을 사랑하는 하나님의 사랑을 체험하지 못했기 때문이다.

그러므로 지도자는 리더십의 다른 기술이나 방법을 연구하기 이전에 먼저 하나님과의 관계를 새롭게 해야 한다. 영원한 참사랑, 자기 희생의 사랑, 거짓 없는 사랑, 허다한 죄를 덮어주는 사랑(벧전 4:8)으로 충만한 리더십을 갖게 되면 교회를 하나님의 교회답게 할 수 있고, 성도를 하나님의 자녀답게 만드는 참된 성장을 이루어갈 수 있다.

교회를 성장시키려는 목회자가 영적 사역을 위해 개발해야 하는 리더십의 두 번째 요소는 정직이다. 아무리 뜨거운 사랑을 가지고 있다 해도 순수한 정직성이 결여되어 있으면 그 사랑은 오래 가지 못할 뿐 아니라 서로를 복되게 하지 못한다. 지도자는 반드시 성령의 능력을 힘입어 하나님을 두려워하는 가운데 거룩함을 온전히 이루어 육과 영의 온갖 더러운 것에서 자신을 깨끗이 해야 한다. 지도자에게서 언행이 일치되지 않는 가식적인 행동이 드러나면 가증스러움이 반사되기 때문에 사람들이 그를 지도자로 신뢰하지 않는다. 비록 사소한 일이라도 신뢰성을 상실하면 존경심도 자연히 잃게 된다.

톰 레이너(Thom S. Rainer)는 지도자들이 공통적으로 실수하는 것을 다음과 같이 몇 가지로 지적하였다. 지나친 경쟁열, 양육의 부족, 의사소통의 실패, 서두름 등을 언급하면서 첫 번째로 꼽은 것은 인격적인 삶에서의 갈등이라고 했다. 성경에서 만나볼 수 있는 실패자들 대부분은 하나님과 사람 앞에서 정직하지 못하였기 때문이다. 그러므로 하나님의 사람들은 다윗과 같이 "하나님이여, 내 속에 정한 마음을 창조하시고 내 안에 정직한 영을 새롭게 하소서!"라고 기도하여 정직한 리더십을 갖추어야 교회를 하나님의 교회 되게 할 수 있다. 그러면 "마음이 청결한 자는 복이 있나니 저희가 하나님을 볼 것임이요"라는 말씀처럼 하나님의 영광이 충만한 지도자가 될 수 있다.

정직한 리더십을 가진 자는 "그들이 가로되, 당신이 우리를 속이지 아니하였고 압제하지 아니하였고, 뉘 손에서 아무 것도 취한 것이 없나이다"라고 인정을 받은 사무엘처럼 한 세대를 변화시키는 지도자가 될 수 있다. 그리고 사무엘이 이스라엘을 지도하는 동안 회복과 평화가 함께 했던 것처럼 하나님의 교회를 평안하고 든든하게 세워 나갈 수 있다. 그러므로 목회자는 반드시 정직한 리더십을 가지고 사역해야 한다.

교회를 성장시키려는 목회자가 영적 사역을 위해 개발해야 하는 리더십의 세 번째 요소는 권위(authority)이다. 영적 지도자에게 권위가 있어야 한다는 의미는 권위주의 타입의 지도자가 되어야 한다는 것과는 근본적으로 그 개념이 다르다. 그러나 분명한 것은 하나님의 교회를 성장시킬 수 있는 지도자는 권위의 리더십을 가진 자이다. 참된 권위의 출처는 무엇인가? 또 참된 권위의 리더십을 유지할 수 있는 기초는 무엇인가? 만약 이러한 문제를 바르게 인식하지 못하고 권위를 행사하려 한다면 그것은 하나님의 교회를 성장시키도록 세우는 힘이 아니라 하나님의 교회를 분열시키는 역작용으로 나타날 수도 있다. 그러므로 하나님의 교회를 바르게 세우고, 맡기신 양 무리들을 온전케 하고, 받은 사명을 효과적으로 성취하려면 올바른 권위를 깨달아야 할뿐 아니라 권위를 사용할 수 있도록 훈련받아야 한다.

모든 권위의 근원은 하나님이시다. 하나님이 계시지 않다면 권위에 대한 도덕적 근원이 있을 수 없다. 하나님이 없이는 도덕적 정의를 확립할 수 없으며, 모든 것은 상대적이고 상황에 따라 다를 것이다. 하나님이 없다면 절대적인 것은 있을 수 없다.

그러면 하나님의 말씀 속에서 밝히고 있는 영적 권위의 기초는 무엇인가? 지도자가 갖는 권위의 리더십은 그가 얼마나 하나님께 복종했는가에 달려있다. 겸손과 복종이야말로 영적 권위의 진정한 기초이다. 철저하게 하나님께 복종하는 사람은 사람 앞에서 하나님이 주시는 권위로 높임을 받게 되고 공동체를 튼튼하게 세우게 된다.

사람들은 애정어린 권위에 잘 순종한다. 자녀들이 부모를 잘 따르는 이유는 오랫동안 사랑과 관심으로 대해 주었기 때문이다. 정성어린 사랑으로 대해주면 관계도 평안하고 사역도 성공한다. 권위를 지키기 위해서 사람들과 거리를 두고 성을 높이 쌓는 것보다는 오히려 사람들을 사랑함으로 가까이 하면 할수록 권위를 갖고 이끌어갈 수 있다.

지도자를 따르는 자들은 지도자의 행실에 그 반응의 여부를 두고 있다. 그러므로 하나님을 두려워하고 약속에 신실하고 자기의 유익보다는 공동체의 이익을 먼저 생각하고 스스로를 높이기보다는 남을 인정해주고 높여 줄 수 있는 삶이 수반되어야 한다. 지도자가 자신을 위하지 않는 경건한 리더십을 보여주면 그는 끝까지 권위를 가지고 공동체를 세우는 자가 될 것이다.

(2) 관계 사역(relational ministry) 리더십 개발
교회를 성장시키려는 목회자가 관계 사역을 위해 개발해야 하는 리

더십의 첫 번째 요소는 분별력(distinction)이다. 비전은 리더십의 기초이다. 리더의 비전은 실천을 위한 헌신이 요구된다. 이 헌신을 사명이라고 부른다. 사명을 성취하기 위해서는 특별하고 가능한 일련의 조치가 있어야 한다. 이런 조치를 목표라고 부른다. 목표가 없는 리더는 좌표 없는 배의 선장이나, 방향 표시판 없이 국도를 횡단하는 자동차 운전 여행자와 같다.

그러므로 리더는 미래 지향적이면서도 현실 성취 가능성이 있는 목표를 설정하여 성도들에게 심어 주어야만 공동체를 이끌어 갈 수 있고 효과적으로 성취해 갈 수 있다.

리더에게 필요한 요소 가운데 가장 중요한 것이 분별력 있는 리더십이다. 지도자가 얼마나 바른 때를 찾고, 적합한 대상을 선별하고, 효과적인 방법을 제시하고, 감당할 수 있는 일을 목표로 하느냐에 따라 그 결과는 얼마든지 달라질 수 있다. 그러므로 지도자는 무엇보다도 순간순간마다 부딪히는 사건 속에서 때로는 신속하게, 때로는 오랜 시간을 두고 어떠한 결정을 하느냐에 따라 그 리더십이 좌우되므로 분별의 리더십을 개발하는 것은 지도자에게 있어서는 사활이 걸린 문제라고 할 수 있다.

개척 교회 목회자는 다음과 같은 유혹에 빠질 수 있다.

첫째, 중간 확장에 대한 유혹이다. 개척 교회 목회자는 예배당 공간을 확보하기 위해서 무리하게 성도들에게 헌금이나 전도를 강조하게 된다. 그래서 복음의 본질적인 내용을 가르치기보다 비본질적인 것에 집착하는 경우가 발생하게 되는 것이다. 시간이 지나면서 교인들도 지치게 되고 목회자도 지치게 된다. 비본질적인 것에 치우치다 보니 복음의 본질이 희석되고, 복음을 통한 생명력이 점차 떨어지면서 교회는 힘을 잃어가게 된다.

둘째, '죽기 아니면 살기식'의 교회 성장에 대한 유혹이다. 교회는 마땅히 성장해야 한다. 그러나 성장 그 자체가 온통 목회의 지상명령인 것처럼 생각한다면 그로 인한 폐해는 심각할 것이다. 성장주의가 교회 성장을 막고 있는 것이다. 교회 성장주의가 멈출 때 교회는 성장할 수 있다.

영적 및 자연스런 성장과 물질주의적 성장은 구별되어야 한다. 영적 및 자연스런 성장은 지향되어야 하지만, 물량주의적 성장주의는 안 된다. 성장주의는 성장지상주의, 성장제일주의를 말한다. 그래서 성장을 위해서는 수단과 방법을 가리지 않는다. 그러다 보니 비정상적이고 비상식적인 방법이 동원되게 된다.

셋째, 조급한 마음이다. 오늘날 대부분의 사람들이 빨리빨리 무엇인가 이루어야겠다는 강박 관념에 사로잡혀 있는 것 같다. 개척 교회를 섬기는 목회자들의 유혹은 조급함이다. 하나님께서 우리의 영적 분량에 따라 알아서 양 떼를 주실 것이다. 최선을 다하되 빈 마음으로, 여유 있는 마음으로 최선을 다하자. 목회에 있어서 조급한 마음, 인간적인 생각은 목회자 자신의 영적 삶을 해칠 뿐만 아니라 성도들의 영적 생활을 불안정하게 함으로써 유익을 주지 못할 것이다.

개척 교회 목회자는 이러한 유혹들을 과감히 물리칠 수 있는 지도자의 분별력을 가지는 것이 무엇보다 중요하다. 나아가 지도자의 분별력은 전체 공동체의 번영과 행복을 위해서 언제나 목표를 공유할 수 있도록 바르게 사용되어야 한다.

그러면 어떻게 분별의 리더십을 개발할 수 있는가? 먼저 목적에 대한 분별력을 가져야 한다. 그리스도인과 교회가 기준을 가져야 하는 목적은 무엇보다도 먼저 하나님의 영광이다(고전 10:31). 그 일이 정말 하나님의 영광을 위한 것인지 그 동기를 철저하게 분석해야 한다. 그리고 그것이 하나님의 말씀을 성취하는 것인지도 살펴야 한다. 구체적으로 하나님의 영광을 드러내는지 아닌지의 여부는 역시 하나님의 말씀과의 관계에서 찾아야 한다. 그리고 그것이 선교적인 측면에서 모든 사람에게 복이 되는지를 상세하게 검토해야 할 것이다

교회 개척은 아무리 그럴듯한 목적을 가지고 있다 해도 효과적으로 성취해서 하나님께 영광이요, 사람들에게 복이 되지 못하면 그것은 이상에 지나지 않는 것이 되고 만다. 그러므로 교회 개척은 좋은 목적을 가질수록 목표도 잘 분별해서 바르게 시행해야 한다. 그러기 위해서는 구체적인 목표(specific goals), 측정 가능한 목표(measurable goals), 성취 가능한 목표(attainable goals), 현실적인 목표(realistic goals)를 만들어야 한다. 이렇게 목적과 목표를 잘 분별하는 리더십을 개발하게 되면 반드시 든든히 서 가는 공동체를 이룰 수 있다.

교회를 성장시키려는 목회자가 관계 사역을 위해 개발해야 하는 리

더십의 두 번째 요소는 격려(encouragement)이다. 즉 목회자가 하나님께서 주신 사명을 바르게 감당하여 교회를 평안하고 든든히 세워 나가려면 격려하는 리더십을 개발해야 한다. 왜냐하면 하나님의 교회는 목회자 한 사람으로 구성된 것이 아니고 여러 부류의 구성원이 있기 때문이다. 다른 사람들끼리 하나 되게 하는 것도 관건이지만, 하나 된 교회가 사명을 감당할 수 있으려면 능력이 있어야 한다. 바로 여기에 격려하는 리더십이 필요하다. 평범한 보통 사람들을 적재적소에 꼭 필요한 일꾼으로 세우는 데 가장 필요한 것은 강요나 훈련에 앞서 격려이다. 어쩔 수 없이 억지로 매달리는 사람보다 스스로 깨닫고 기쁨으로 달려드는 사람이 필요하다.

빅터 프랭클(Viktor Frankl)은 다음과 같이 말했다. "만약 사람들이 각자 꿈꾸고 있는 그런 인물로 대우해 주고 칭찬을 아끼지 않는다면 당신은 그들을 그러한 인물로 만들게 될 것이다. 만약 우리가 사람들을 그들 각자가 꿈꾸고 있는 그 사람이 이미 된 것처럼 대해준다면 우리는 그들을 돕는 것이 된다."

그렇다. 개척자는 "격려가 사람들에게서 최선의 것을 끌어낸다"는 신념을 가지고 사람들을 대한다면 훨씬 변화된 모습과 결과를 얻게 될 것이다.

격려는 초점을 실패 지향적(failure-oriented)인 것에서 성공 지향적(success-oriented)인 쪽으로 옮겨가도록 인도해준다. 이미 예수님은 베드로라고 불리는 시몬이 넘어지고 실패할 것을 알고 계셨다. 그러나 넘어지고 실패할 때마다 정죄하여 절망에 빠지게 하시지 않았다. 실패를 거듭할지라도 초점을 실패 집중에 두지 않고 성공 집중에 두셨던 것이다.

실패한 성공자처럼 실패를 정정당당하게 받아들이고 그것을 거울삼아 다시 일어서게 하는 것이 격려이다. 하나님의 교회를 성장시키기를 원하는 목회자는 격려의 리더십을 개발해야 한다. 그래야만 성도가 치유되고 회복되어 힘을 얻을 수 있고 성도 한 사람 한 사람이 힘을 얻어야만 교회가 힘을 얻을 수 있기 때문이다.

그렇게 하기 위해서는 위대한 과업 집중에서 작은 과업 집중으로 그 초점을 옮겨와야 한다. 누구도 할 수 없는 큰일을 해낼 때만 칭찬하고 인정하는 것이 아니라 누구라도 할 수 있는 작고 사소한 일이라 할지라도 칭찬과 격려를 아끼지 말아야 한다. 작고 평범한 사람들이 모인 교회를 위대한 하나님의 일을 감당하는 교회로 성장시키려면 목회자는 격려하는 리더십을 가져야 한다.

교회를 성장시키려는 목회자가 관계 사역을 위해 개발해야 하는 리더십의 세 번째 요소는 관계 회복(relationship restoration)이다. 즉 목회자가 주신 사명을 바르게 감당하여 교회를 평안하고 든든하게 세워나가려면 관계회복의 리더십을 개발해야 한다. 하나님께서 만드신 세상은 '하나님 보시기에 좋았더라'고 인정할 수 있었다. 왜냐하면 하나님이 의도하고 명하신 '그대로 되었기' 때문이다. 좋은 것은 하나님과 사람 그리고 자연 사이에 조화로운 관계를 이루게 되는 근본적인 기초이다. 여기에서 사람은 복되고 거룩하게 살아갈 수 있었다. 하나님과 바른 관계 속에 있을 때는 땅에 있는 모든 생물을 다스리는 능력 있는 삶을 영위할 수 있었다.

그러나 하나님과의 관계가 깨어진 후에는 "죄의 소원은 네게 있으나 너는 죄를 다스릴지니라"는 말씀을 듣는 불행한 존재가 되어버리고 말았다. 이제는 죄의 욕망이 들끓는 자신을 다스리지 않으면 안 되는 존재가 되고 만 것이다.

그러므로 지도자도 관계회복을 받지 못한 사람일 경우에는 사람들을 지도하기보다는 부리려고 한다. 그는 선의에 의존하기보다는 권위에 의존한다. 그는 열정을 일으키기보다는 두려움을 일으킨다. 그는 실패의 원인을 찾아 고쳐주기 보다는 실패의 책임을 묻는다.

그래서 세우는 자가 아니라 넘어뜨리는 자가 되고 함께 일하는 기쁨을 나누는 자가 아니라 곤경에 처하여 소외당하도록 무시하는 자가 된다. 특별히 하나님의 교회를 성장시키려는 목회자의 경우라면 반드시 그리고 철저하게 하나님과의 관계회복을 경험해야 한다.

예수님이 이 땅위에 오셔서 행하신 3대 사역, 즉 가르치고, 전도하고, 병 고치신 것(teaching, preaching, healing)도 엄밀한 의미로는 관계회복의 사역이었다. 구원받은 결과 얻게 되는 새 하늘과 새 땅에서의 기업은 다름 아닌 "나는 저의 하나님이 되고 그는 내 아들이 되리라"는 관계 회복의 축복이다. 그러므로 하나님의 나라를 교회를 통하여 이 땅위에 증거하고 보이기를 원하는 사역자라면 관계회복의 리더십을 가진 자라야 한다.

여러 면에서 재능도 있고 박식한 사람인데 사람과의 관계를 바르게 하지 못해서 효과적으로 일하지 못하는 사람이 의외로 많다. 지도자는 이렇게 막혀 있는 담을 헐고 그 속에 원수 된 것을 풀어 화목하게 하는 자이다. 만약 견고하며 지속적인 관계를 형성할 수 없는 사람이라면 장기적이고도 효과적인 리더십을 유지할 수 없음을 곧 발견하게 된다.

그러나 반대로 관계회복을 통해서 신뢰받은 지도자가 된다면 몇 갑절 효과적으로 사역할 수 있다. 프레드 스미스(Fred Smith)는 이렇게 말한다.

"리더십이란 사람들이 의무적으로 하지 않아도 될 일을 당신을 위해 할 수 있도록 만드는 역량이다."

신앙적 관점이 다르고 출신 학교와 지역의 차이가 있다 해도, 신뢰받을 수 있는 지도자는 서로의 상반된 관계를 회복시켜 주는 리더십을 발휘할 수 있다. 교회 성장을 이루려는 목회자는 서로 손을 잡고 협력하도록 영향력을 끼치는 관계회복의 리더십을 가진 자이다.

(3) 자기 갱신(Self-renewal) 리더십 개발

교회 성장을 이루려는 목회자는 당연히 영적 사역과 관계 사역을 위한 리더십을 개발해야 한다. 왜냐하면 교회 성장의 주체가 하나님 자신이기 때문이다. 아울러 목회자는 함께 동역할 구성원들을 이해하고 협력하도록 이끌어야 하는 지도자이기 때문이다.

그러나 하나님과 사람들 사이에서 교회 성장의 도구로 쓰여지기를 원하는 지도자 자신의 문제도 그에 못지 않게 중요하다.

교회를 성장시키려는 목회자가 자기 갱신을 위해 개발해야 하는 리더십의 첫 번째 요소는 자기 훈련이다. '자기 훈련'이란 말은 헬라어의 '(자신을)붙잡다, 꼭 쥐다'라는 어원에서 파생되었다. 이와 같이 자기 훈련이라는 말은 그들의 인생을 붙잡으며 성공이나 실패를 가져올 수 있는 영역을 통제하기로 자원하는 사람들을 묘사하는 용어이다.

그리고 자기 훈련의 개념은 그리스도인이 단지 논쟁, 다툼, 술 취함과 같은 것을 끊는 것을 의미하지 않는다. 삶의 모든 면에서 성령의 완전하게 하심 아래 내려가는 것을 의미한다.

시간이 흘러감에 따라 역량 있는 지도자도 자기 훈련이 부족해서 모든 것을 잃게 되는 경우를 허다하게 볼 수 있다. 지도자가 자기 훈련을 통해서 통제하지 못하는 부분은 자신이 가장 강하고, 가장 확신하고, 가장 안전하다고 느끼는 영역에서라는 점에 주의할 필요가 있다. 자기 만족(self-gratification), 자기 집중시대에 있어서 자기 훈련은 너무 혹독하고, 너무나 다른 세계에 있는 것 같고, 많은 시간이 소요되는 것처럼 보일 수 있다. 그러나 어떤 지도자는 훈련되지 못한 열정과 습관적으로 자기 통제를 잃어버림으로서 구성원들로부터 신뢰감을 잃게 된다. 사람들은 강한 자기 훈련의 리더십을 보여주는 사람을 따르고 싶어 한다.

그러므로 지도자는 하나님을 의존하며, 역경을 감사하며, 영혼을 다스리며, 생각을 통제하며, 성령께서 삶 가운데 거하시도록 훈련하는 데 최선을 다해야 한다. 지도자가 자기 훈련을 통해서 자유함, 확신, 기쁨, 안정감이 있을 때 구성원들은 그를 신뢰하며 협력할 것이다. 이러한 자기 훈련의 리더십은 교회를 평안하고 든든하게 세워나가는 데 기초가 될 수 있다.

교회를 성장시키려는 목회자가 자기 갱신을 위해 개발해야 하는 리더십의 두 번째 요소는 겸손(humility)이다. 시편의 한 기자는 하나님에 대한 자신의 겸손을 이렇게 표현한다.

"여호와 우리 하나님과 같은 자 누구리요 높은 위에 앉으셨으나 스스로 낮추사 천지를 살피시고"(시 113:5~6).

또 예수님은 자신에 대해 이렇게 말씀하셨다.

"나는 마음이 온유하고 겸손하니 나의 멍에를 메고 내게 배우라. 그러면 너희 마음이 쉼을 얻으리니 이는 내 멍에는 쉽고 내 짐은 가벼움이니라 하시니라"(마 11:29~30).

이처럼 교회의 머리되신 예수님이 그의 마음을 겸손이라고 하셨고 교회 성장의 주체이신 하나님께서도 스스로 자신을 낮추셨다고 했다.

성경에 있어서 겸손이란 하나님 앞에서 자기의 죄를 자각하고, 자긍하는 마음을 버리고, 낮은 데 처하는 마음가짐을 말한다. 겸손은 양손을 하나님께 들고 항복하는 것이다. 그러므로 낮추는 것은 하나님의 은총의 결과이다. 이와 같은 겸손이 지도자에게 있어서 중요한 이유는, 사람들은 자기를 섬기는 자가 되지 않도록(non-self-serving) 동기를 유발시키는 지도자를 더욱 열성적으로 따르기 때문이다.

  목회 사역의 현장에 있는 지도자들이 모든 일을 도맡아 다른 사람들의 접근을 차단시키고 자신의 재능을 최대한으로 발휘하는 것은 바람직하지 않다. 오히려 그는 겸손히 자신을 낮추고 섬김으로써 협력할 때 더 좋은 결과를 가져온다. 지도자들이 지식이나 일 처리 능력이 부족해서 문제가 되기보다는 스스로 자신을 낮추지 못해서 오히려 많은 수고와 헌신을 쏟아 놓았음에도 불구하고 실패하는 경우가 많다.

  겸손한 리더십을 개발시켜 교회를 성장시키기를 원하는 지도자라면 먼저 그 마음의 왕좌에 그리스도를 모셔야 한다. 비록 거듭난 그리스도인이라 할지라도 자신을 그리스도 앞에서 늘 새롭게 헌신해야만 한다. 지도자가 교회성장을 위해서 겸손의 왕이신 그리스도를 마음에 모셨다면 그것은 반드시 사람들을 섬기는 것으로 표현되어야 한다. 하나님의 교회를 평안하고 든든하게 세우려면 죽기까지 복종하는 겸손한 리더십으로 무장해야 한다.

  교회를 성장시키려는 목회자가 자기 갱신을 위해 개발해야 하는 리더십의 세 번째 요소는 전문성이다. 지도자가 자신이 수행해야 하는 일들을 얼마나 전문성을 가지고 해결하느냐에 따라 그의 리더십의 영향력이 달라질 수 있다. 조직에서 개인적 권력의 중요한 근원은 문제 해결과 중요한 과업을 수행할 때 발휘되는 개인의 전문성이다. 일반적으로 이런 형태의 권위를 전문성 권위라고 한다. 문제나 과업이 조직 구성원들에게 중요할수록 리더가 전문성을 보유함으로써 갖게 되는 권위는 더 커진다. 만약 그 조직에 다른 사람들이 조직 구성원으로 관련되는 전문성을 갖고 있지 않고 리더 외에는 전문성을 가진 다른 인물을 쉽게 발견할 수 없다면 그 의존성은 최대가 된다.

목회자는 천하보다 귀한 영혼에 대한 사역을 수행해야 하고 공동체 내에서 대신 해줄 사람이 없기 때문에 목회자가 갖추어야 하는 전문성은 매우 특수한 것이다. 그러므로 목회자는 수행해야 하는 사역을 능력 있게 감당하기 위해 반드시 거기에 필요한 전문성을 갖추어야 한다.

특히 하나님의 교회가 교회로서 감당해야 할 사명을 깨닫고 수행하려면 반드시 말씀 위에 굳게 세워져야 한다. 그러므로 교회성장을 이루려는 목회자는 무엇보다도 성경에 대한 전문성을 가져야 한다.

하나님은 분명히 양과 양 사이에 심판하셔서 살찐 양과 파리한 양을 나누겠다고 하셨다(겔 34:20~24). 양들이 좋은 꼴을 얻어먹지 못하면 흩어지게 되고 흩어진 양은 노략거리가 된다고 하셨다. 좋은 목자는 좋은 꼴을 먹이는 자이다. 그러므로 목자는 진리와 은혜에 충만한 전문성을 갖출 때 양 떼를 이끌 수 있다.

신성종은 「이런 교회가 성장한다」에서 미국과 한국에서 가장 빨리 성장한 교회들의 성장 요인을 연구한 결과, 첫 번째가 지도자의 자질이었고, 두 번째가 복음 전파에 우선권을 두었기 때문이었다고 한다. 세계교회협의회처럼 인간화나 사회정의 실현에 우선권을 두었던 교단이나 교회는 인간화도 못 이루고 사회정의도 실현하지 못한 채 교회는 오히려 줄어든 것을 볼 수 있다. 그러나 복음 전도에 주력한 복음주의 교회는 꾸준히 성장하였다.

그럼에도 불구하고 전 세계적으로 대부분의 교회가 침체되고 있다. 물론 여러 가지 원인이 있겠지만 가장 중요한 것은 주님의 방법을 따르지 않기 때문이다. 성령의 능력을 받은 사람만이 할 수 있는 일을 인간의 지혜로 계획한 의식과 프로그램, 조직체, 회의, 전도 집회 등으로 해보려고 하기 때문이다. 그러나 주님이 실행하신 개인적 선교원리가 이 모든 계획의 정책과 구조 속에 생명력 있게 통합되지 않는다면 교회는 역동적인 모습으로 성장해 나갈 수가 없다. 바로 이것 때문에 우리에게 필요한 것은 더 나은 방법이 아니라 더 나은 사람이다.

목회자가 예수님의 분부대로 먼저 변화되고 성령의 능력을 받아 전도에 앞장서면 모든 성도들이 거룩한 사역에 동참하게 될 것이다. 예수님이 필요로 하셨던 사람은 소수의 열두 제자였고, 그들이 교회의 감독으로 전도에 앞장섰던 것을 볼 때 목회자가 전도에 앞장서지 않는 것은 스스로 전문성을 포기하는 것이다. 그러므로 교회를 성장시키려면 목회자가 전도에 대해서 철저하게 본을 보여야 한다. 성경과 전도에 대한 전문성을 가졌다면 목회자로서는 가장 중요하고도 본질적인 전문성을 갖춘 셈이다.

그런데 의외로 이러한 능력을 갖춘 지도자들이 행정 능력의 부재로 인해서 큰 어려움을 겪는 것을 보게 된다. 행정적인 능력을 크게 둘로 나누면, 하나는 교회와 개인의 삶에 대한 제반 예식, 또 하나는 여러 가지 분야에 대한 회의이다.

대부분의 목회자들이 교회 행사나 성도들의 생사화복의 예식에 대해서는 전문성을 발휘하는데, 의외로 회의 진행 능력은 부족한 경우가 많다. 그래서 교회가 어려움을 겪고, 방향을 잃고 혼란 속에 빠지는 경우가 적지 않다.

한 연구에 의하면 일반 관리자들은 하루 시간의 약 69퍼센트를 회의로, 6퍼센트는 전화 통화로, 3퍼센트는 이동과 여행으로, 22퍼센트는 업무로 보낸다고 한다. 그렇다면 하루의 대부분의 시간을 회의와 커뮤니케이션으로 보내고 있는 것이다.

이것은 목회자의 경우에 있어서도 마찬가지이다. 교회의 크고 작은 모든 일이 여러 부서의 회의에서 결정되므로 회의를 은혜롭고 생산적으로 진행하는 기술과 능력을 배양하는 것은 중요한 일이다. 지도자는 문제 해결과 의사 결정에 있어서 집단 효과성을 높이기 위해 회의를 이용하고 일정한 절차를 거친다. 즉 회의를 준비하고 문제를 제시하며, 문제의 원인을 진단하여 대안을 마련하고, 최종 대안을 선택하는 과정을 거치는 것이다.

지도자는 이러한 회의 과정을 능숙하게 진행하여 모든 구성원들에게 최대의 유익을 줄 수 있는 전문성을 개발해야 한다.

제3장
교회 개척의 원리와 실제

교회 개척 목표의 설정

교회 개척의 다섯 가지 원리

교회 개척의 실제 과정

제3장

교회 개척의 원리와 실제

1. 교회 개척 목표의 설정

(1) 목표를 설정하는 것이 왜 중요할까?

교회 개척은 대단히 큰 작업이다. 개척 과정에서 해야 할 일들이 매우 많기 때문이다. 이때 개척 과정을 단계적으로 안내해 주는 계획서를 가지고 있다면 교회 개척에 많은 도움을 받을 것이다.

개척자들은 개척 계획을 세울 때, 달성하기 원하는 목표가 무엇인지 명백해야 한다. 예를 들어 개척자는 개척 교인 성장 목표를 설정할 수 있다. 확실한 목표는 분명한 방향을 제시하도록 돕는다.

개척자들은 그들의 교회를 세우는 데 아주 많은 노력을 투자하지만, 이들 중 많은 이들이 목표를 설정하는 단계가 매우 중요하다는 사실을 간과하고 있다. 우리에게 맡겨진 과업을 성취하기 위해서는 목표를 설정해야 하는데 그 이유를 다음 여섯 가지 정도로 다루고자 한다.

목표는 신앙 성장을 촉진시킨다. 목표는 우리의 신앙이 성장했을 때 맺을 열매의 선포다. 목표는 지금 우리의 상태보다 더 크고 나은 미래를 향하여 전진하는 것이다. 비록 지금 그것이 우리에게 보이지 않더라도 말이다. "믿음은 바라는 것들의 실상이요 보지 못하는 것들의 증거니"(히 11:1). 목표는 믿음을 통하여 우리가 바라볼 것이 무엇인지를 말해준다. 즉 목표를 설정하는 일은 비전과 신앙을 필요로 한다는 뜻이다. 우리는 성취될 목표를 위해서 하나님의 비전을 보고, 그분이 주시는 음성을 들어야 하고, 그분을 철저히 신뢰해야 한다. 또한 설정한 목표를 공개적으로 선포하는 일은 더 큰 신앙을 필요로 한다. 이러한 방법으로 신앙을 발휘하는 것은 우리에게 유익한 것이며 또한 하나님께서 기뻐하시는 일이다. "믿음이 없이는 기쁘시게 못하나니"(히 11:6).

2002년 12월 31일까지 일산에서 세례 교인 30명과 함께 새롭게 교회를 개척하겠다는 목표를 설정했다고 가정해 보자. 지금 당장은 그 교회의 모습을 찾아볼 수 없을 것이다. 그러나 우리는 믿음으로 그 모습을 영상같이 바라볼 수 있다! "믿음은 바라는 것들의 실상이요 보지 못하는 것들의 증거니"(히 11:1).

우리는 믿음으로 개척 사역을 해야 하고 그 사역을 위해서 하나님을 의지하며 기도해야 한다. 이것이 바로 하나님께서 기뻐하시는 믿음인 것이다. 교회를 개척하고자 한다면 기도하는 가운데 성령의 지시를 받으며 목표를 설정하라. 당신의 신앙을 발휘하라. 만약에 아무 목표도 세우지 않는다면 교회 개척의 기회를 놓칠 것이다.

목표는 효과 없는 사역들을 최소화하는 데 기여한다. 매년 수많은 교회 활동이 어떤 목표 설정도 없는 상태에서 경솔하게 행해지고 있다. 1~2년 후에 보면 그러한 활동의 90퍼센트 이상이 열매도 맺지 못하고 사라지는 것을 볼 수 있다. 분명한 목표를 갖는 것은 엄청난 차이를 낳는다. 마지막 지상 명령의 목표는 분명히 모든 족속들을 제자 삼는 것이다(마 28:19).

교회의 모든 활동은 교회로 회심자들을 데려오기 위한 목표가 핵심이 되어야 한다. 이것은 기존 교회뿐만 아니라 새신자들로 이루어진 개척 교회에서도 마찬가지이다. 물론 교회로 사람들을 불러 모으지 않고도 회심자들을 만들 수 있다. 하지만 제자화 사역은 불가능하다. 교회로 회심자들을 모아오기만 하는, 즉 단지 회심자나 결신자를 만드는 데만 국한된 활동은 지상명령을 수행하는 데 있어서는 불충분하다.

많은 교회 활동이 회심자만 만들고 그들을 제자화 하지 못하는 것일까? 가장 큰 이유는 바로 그러한 일련의 활동들이 목표 설정 없이 진행되기 때문이다. 그런 활동들로 새신자들이 모교회 출석하기를 기대하는 것은 비현실적이다. 이런 활동은 틀림없이 시작에서부터 실패하게 되어 있다. 어떠한 교회활동도 목표 없이 시행되어서는 결실을 기대하기 어렵다.

모든 개척 활동을 위하여 목표를 설정하라. 만약 목표가 현실적인 것이라면 당신은 기존 교회로 회심자들을 불러 모으는 목표를 가질 수 있다. 또한 교회를 개척하는 상황이라면 새신자들의 수를 설정하는 목표가 반드시 있을 것이다. 이 방법은 지속적인 열매를 생산할 수 있으며 헛된 활동에 쏟는 노력과 시간을 최소화시켜 준다.

당신은 어떤 목회나 개척 사역 활동을 시작하는 것에 대하여 생각해 본 일이 있는가? 당신의 목표는 무엇인가? 만약 어떤 목표도 가지고 있지 않다면, 그 활동을 시작할 수 없다. 어떤 목표도 없이 그 활동을 시작한다면 아마도 그것은 지속적인 열매를 맺지 못한 채 1~2년 안에 없어져 버리는 수많은 활동들 중의 한 가지가 되고 말 것이다.

목표는 확실한 방향성을 제시해준다. "그리스도를 이 도시 전체에 전하자!" 이와 같은 비전처럼 확실하게 측정 가능한 목표로 비전을 미리 정해 두는 것은 더욱 좋다. 목표는 구체적인 기간을 설정하고, 그 기간 안에 그 비전에 집중할 수 있도록 도움을 준다.

우리가 팀 사역을 할 때에는, 목표에 대하여 모두가 동의하는 분명한 방향성을 얻을 수 있다. 잠언 20장 5절은 이렇게 말한다. "사람의 마음에 있는 모략은 깊은 물 같으니라." 대부분의 사람들이 깊은 물과 같은 깊은 욕망을 가지고 있고, 그 욕심은 그다지 깨끗하지 않다.

동일한 말씀 구절은 계속하여 이렇게 말하고 있다. "그럴지라도 명철한 사람은 그것을 길어 내느니라." 훌륭한 지도자는 한 모임이 분명히 해낼 목표를 설정할 수 있도록 이끈다. 그는 한 단체 구성원들로 하여금 그들의 깊은 욕망을 표현할 수 있게 하며, 확실한 방향성을 제시해 주는 단체 목표에 대하여 의견을 모을 수 있도록 조율한다. 뚜렷한 방향성은 엄청난 능률과 결실과 단결을 가져다 준다.

그런 다음에는 목표를 성취하기 위해서 취해야 할 실행 단계들에 초점을 맞출 수 있다. 목표는 재원(돈, 인력, 시간) 사용의 우선 순위를 매기는 데 도움이 된다. 확실한 목표는 교회를 개척하는 팀에게 보다 뚜렷한 방향성을 제시한다.

목표는 기대와 동기를 강화한다. 교회를 개척하기 위해서는 힘든 작업들이 수없이 많다. 서광교회를 개척할 때, 나는 너무 게으른 나머지 일을 진행해야 하는 필요성을 느끼지 못한 날들이 많았다. 그러다가 설정해 놓은 목표를 기억하게 되었다. 그것은 바로 대조동에서 적어도 25명의 장년 신자들을 전도하는 것이었다. 이것이 나에게 있어서 일을 진행해 나가게 하는 동기가 되었고 계속적으로 전진하는 데 도움이 되었다.

예수님께서는 목표를 가지고 계셨다. 히브리서 12장 2절을 읽고 거기에서 그의 목표를 찾아보라. "믿음의 주요 또 온전케 하시는 이인 예수를 바라보자 저는 그 앞에 있는 즐거움을 위하여 십자가를 참으사 부끄러움을 개의치 아니하시더니 하나님 보좌 우편에 앉으셨느니라"(히 12:2) 주님의 목표는 '자기 앞에 놓여 있는 기쁨'이었다. 주님의 '기쁨'은 우리를 구원하는 것이고, 우리와 함께 영원한 관계를 갖는 것이다. 이것이 바로 그분의 '자기 앞에 놓여 있는 기쁨'인 것이다. 예수님께서는 이 목표를 이루시기 위한 동기가 있었기 때문에 더욱 인내하셨다. 그리고 "부끄러움을 마음에 두지 않으시고, 십자가를 참으셨다."

성취된 목표는 엄청난 기쁨을 가져다 준다. "소원을 성취하면 마음에 달아도"(잠 13:19). 교회가 세워지고 목표가 이루어질 때, 하나님의 뜻은 이뤄지고 그 나라는 성장한다.

교회에 적합한 목표를 갖는 것이 중요하다. 교회 개척을 위한 목표가 저절로 생겨나는 것은 아니지만, 이것은 제법 간단하다. 교회를 개척하기 원하는가? 그렇다면 그 지역, 그 사람들, 그 시기에 적합한 목표를 세워라.

(2) 교회 개척자들이 목표를 설정하지 않는 이유

목표가 그렇게 중요하다면, 왜 다수의 교회 개척자들이 목표를 세우지 않는 것일까?

목표 설정의 중요성을 인식하지 못해서 아마도 그런 개척자들은 우리가 다루어 온 문제들에 대한 중요성을 깨닫지 못하고 있는 것 같다.

방법을 몰라서 이것이 당신에게 해당되는 것일지도 모른다. 당신이 목표 설정에 관하여 처음으로 접하고 있다면 이러한 목표는 충분히 가치가 있는 것들이다. 당신은 아직 목표를 세우는 방법을 모르고 있을 수도 있다. 그러나 염려할 필요는 없다. 이 장에서 잠시 후 그것을 다룰 것이다.

목표를 세우는 데 시간을 할애하는 훈련이 부족해서 목표 설정이 가치 있는 것임을 알고 있는 개척자들도 있다. 그들은 유익한 목표를 작성하는 방법도 알고 있다. 그럼에도 불구하고 그들은 여전히 그것을 실행하지 못하고 있다. 왜냐하면 계획을 시작하기 전에 확실한 목표를 진술하도록 훈련받지 못했기 때문이다.

미래를 알 수 있는 분은 오직 하나님뿐이라고 생각하여 목표 설정을 영적이지 못한 것으로 여기는 데서 목표는 미래에 대한 우리의 소원을 나타내 주는 것이다. 그러나 간혹 어떤 개척자들은 이 목표 설정이 주제넘는 일이라고 생각한다. 심지어 성경에서 다윗이 수를 세다가 벌을 받았다고 까지 얘기한다. 작은 교회가 아름답다는 찬양에 넘어가기도 한다. 144,000이라는, '남은 선택된 자' 사상에 빠지기도 한다. 결국 미래는 하나님만 알 수 있다는 것이다. 이것은 매우 조심스러운 부분이지만, 분명한 것은 목표를 설정하고 계획하는 것이 성경적이라는 것이다. "부지런한 자의 경영은 풍부함에 이를 것이나"(잠 21:5). "사람이 마음으로 자기의 길을 계획할지라도 그 걸음을 인도하는 자는 여호와시니라"(잠 16:9). "진실로 우리의 걸음을 인도하시는 분은 하나님이시다"(잠 21:5, 16:9). 그러나 여전히 우리는 생각만 하는 것이 아니라 우리가 목표를 향해 나아갈 과정을 철저히 계획해야 한다.

목표에 도달하지 못하면 고난에 빠질까봐 결국 실패하거나 만족스러운 결과를 얻지 못할 바에는 차라리 목표를 세우지 않는 편이 더 낫다고 생각하는 사람들도 있을 것이다. 그래서 그들은 목표를 세우더라도 그 목표를 비밀리에 숨겨두려고 할 것이다.

그러나 교회 개척에 있어서 목표 설정은 하늘의 비전에서 오는 모험이다. 개척 교회 목표는 우리의 믿음이며 신앙이다. 풀러신학대학원 교수이며 「능력 있는 기독교」(Christianity with Power)의 저자인 찰스 크래프트(Charles Kraft) 박사는 믿음이란 단어는 '모험(R-I-S-K)'이라는 문자로 이루어졌다고 말한다. 우리가 하나님과 조화를 이룬다면, 그리고 하나님께서 우리가 세운 목표로 우리를 이끄신다면, 그분은 이 모든 것을 개척자들로 하여금 믿음으로 깨닫게 하실 것이다. 우리가 목표에 도달하지 못한다면 그것을 언제든지 재평가하고 조정할 수 있다. 교회개척자이면서도 모험을 두려워하여 내키지 않는 마음을 갖는다면 그것은 신앙의 부족을 의미하는 것이다.

(3) 목표를 설정하는 방법

잘 작성된 목표는 깔끔하다(Smart). 깔끔하다(Smart)는 것은 구체적이고(Specific), 측정 가능하고(Measurable), 성취 가능하고(Achievable), 결실 지향적이며(Result-oriented), 시간제약적(Time-bound)이다.

구체적(Specific) 교회 개척을 위해 목표를 설정할 때, 뚜렷하고 분명한 조준 공동체와 대상(target)을 선택하라. 특정한 목적지를 선정한 후에 그곳 사람들에게 접근할 수 있는 굉장한 계획을 세울 수 있다.

측정가능(Measurable) 달성하고자 하는 교인의 수를 목표로 세울 때, 측정 가능한 인원을 계획하라. 당신이 속한 교단에서 공식적인 교회로 인정해 주는 최소 인원을 목표로 하는 것이 좋다. 몇몇 교단은 15명 정도를 인정해 주지만, 대부분의 교단이 75명 정도를 요구한다. 이러한 인원에 이르렀을 때, 당신은 공식적인 교회로서 갖추어야 할 요구 조건들과 만나게 될 것이다.

성취가능(Achievable) 신앙을 마음껏 펼칠 수 있는 목표를 설정하라. 아직은 그 목표가 당신이 서 있는 곳 저편에 존재한다. 하지만 동시에 그것은 실제적이다. 지나치게 열심인 교회 개척자들이나 목사들은 너무 높은 목표를 세우는 우를 범하기도 한다. 교회 구성원들은 그 목표가 성취 불가능한 것이라는 것을 깨닫게 되면 그것을 성취하기 위해 어떤 노력도 기울이지 않는다.

목표는 동기를 부여할 수 있어야 한다. 그러나 비현실적인 목표는 동기를 유발할 수 없을 뿐더러 사람들로부터 무시당할 것이다. 성취 가능한 목표는 사람들에게 동기를 부여하는 데 유익한 요소이다.

결실 지향적(Result-oriented) 잘 작성된 목표는, 계획한 일을 시작하게 하는 동기를 부여할 뿐만 아니라 우리가 원하는 열매나 결과를 측정할 수 있도록 도와주는 역할을 한다. 어떤 이들은 다음과 같은 행동으로서 목표를 혼동하는 실수를 범하기도 한다.

매일 3번의 전도운동을 개최한다.

매일 동네의 각 가정을 심방한다.

매달 500부의 소책자를 배포한다.

당신은 개척자로서 목표 없이 이런 선교활동만 하고 있을지도 모른다. 이런 것으로는 어떠한 지속적인 열매도 생산할 수 없다. 그러나 개척 현장에서 이런 일이 자주 일어나고 있는 것이 현실이다. 우리는 이러한 활동에 포함된 것들 이상의 것을 해야 한다. 이때 깔끔한(Smart) 목표는 우리가 단지 이러한 활동에 그치지 않고 열매를 맺을 수 있도록 우리를 위해 조력하는 것이다.

시간제약적(Time-bound) 교회 개척을 위한 목표는 교회가 실제로 세워질 때를 위하여 특정한 기한을 포함시켜야 한다. 물론 이것은 믿음에 근거해야 한다. 기한을 정해 놓지 않으면 목표한 것들을 연기하기 쉽다. 어떤 교회 개척 프로젝트는 2, 3년, 심지어는 4년씩 질질 끄는 경우가 있다. 심지어는 교회가 문 닫을 때까지 가기도 한다. 목표 기한을 정하는 것은 적합한 기간 내에 교회를 개척하면서 해야 하는 일들을 계획하도록 도움을 준다. 다시 말하자면, 목표는 초점을 고정시켜 준다는 말이다. 목표 기한을 수반하는 프로젝트는 기한을 정하지 않은 프로젝트보다 더 빨리 열매를 맺게 한다.

깔끔한(Smart) 목표의 특징에 대하여 몇 가지 더 살펴보도록 하자.

소유가능(Ownalbe) 개척자가 목표한 것을 은혜로든 스스로의 의지로든 해낼 수 있다는 것은 모든 사람이 그 목표를 성취하길 소원한다는 의미를 포함한다. 이것은 그들에게 매우 중요한 것이다. 개척자는 계획을 세우고 목표를 설정하는 일에 참여한 사람들에게 소유의식으로써 용기를 북돋아 줄 수 있다. 만약 당신 혼자 선택한 목표에 대해서 설명하거나 선포한다면, 이것은 그들이 가지고 있는 주인의식 내지 소유의식과 동기를 감소시킬 것이다.

기도하면서 설정(Prayerfully Set) 단순하게 인간적인 지혜에 근거하여 목표를 설정하다가 실수를 범하는 사람들이 있다. 한 공동체를 목표 지역으로 삼을 때나 목표를 설정할 때나 하나님의 지도를 구하자. 또 공동체의 견해를 들어보면서 기도하라. 그런 다음에 믿음으로 전진하라. "너의 행사를 여호와께 맡기라 그리하면 너의 경영하는 것이 이루리라"(잠 16:3).

(4) 우리 개척 팀의 개척 목표

다음의 목표 설정이 어떤 지를 읽어보고 각 공란에는 나의 목표를 설정해 보라.

첫째, 우리 개척 팀은 혼신의 힘으로 능력 있는 아파트 지역 교회를 개척할 것이다.

둘째, 우리는 수색 지역에 지교회를 개척하고 2003년 12월 31일까지 청·장년 세례 교인 30명을 확보할 것이다.

셋째, 2003년 11월 30일까지 일산에 교회를 개척하여 200명을 전도하고 40명 출석을 목표로 삼을 것이다.

넷째, 고양시에 교회를 개척하고 12명의 핵심 일꾼을 활용하여 2003년 9월 70일까지 새로운 청·장년 세례 교인 30명을 확보할 것이다.

다섯째, 금촌에 교회를 개척하고 앞으로 1년 이내에 청·장년 세례 교인 20명을 확보할 것이다.

여섯째, 우리는 매주 월요일마다 연신내 역과 응암 역에서 200부의 소책자를 배포할 것이다.

일곱째, 고양 일산 지구에서 2003년 9월 30일까지 전도운동을 10번 실시할 것이다.

여덟째, 우리는 상암 지구에 교회를 개척하고 1년 이내에 1,000명에게 전도할 것이다.

(5) 목표의 내용들

교회 개척을 위한 목표의 내용들을 SMART 목표의 모든 특징을 사용해서 표로 작성해 보라. 많은 개척자들이 무엇인가를 작성하는 습관이 잘 안 되어 있다. 이런 점을 고려하여 목표를 더 용이하게 기록할 수 있도록 제시문 아래에 자신의 목표를 적을 수 있는 공란을 제시할 것이다. 목표가 명확해져야 당신의 목표를 성취하기 위하여 착수해야 할 실행 단계들(phase, stage, step, process)을 계획해 나갈 수 있다.

- 기도와 단계기획
- 사전입성 조사
- 사전전도
- 전도
- 사후전도
- 철수

계획의 실천을 위하여 다음과 같은 문제들을 가지고 함께 토론해 보라.

첫째, 목표 없이 시행되고 1~2년 후에는 쓸모 없어져 버릴 교회 봉사활동에 이름을 붙여보라.

둘째, 일부 교회 개척자들이 목표를 세우지 않는 이유 중 당신에게도 적용되는 것이 있는가? 그런 이유나 핑계가 있다면 무엇인가?

셋째, 이 장에서 다룬 내용들이 당신의 교회 개척 프로젝트에 얼마나 도움이 되고 있는가?

넷째, 교회 개척을 위한 하나님의 인도하심과 목표를 구하고 기도하는 시간을 가져라.

좀더 구체적으로, 교회 개척을 위한 목표를 작성하라. 아래의 작업표를 이용하라. 당신이나 당신 팀의 교회 개척 프로젝트를 위해서 실제적인 목표를 세우라. 다음 빈칸을 메워 보라.

우리는 오직 믿음으로, 우리 개척팀은 **(지역 공동체 이름)**에 교회를 개척할 것이다.

최소한 **(명수)** 명의 새로운 청·장년 세례 교인을 **(목표 기한)** 까지 확보할 것이다.

교회를 개척하기 위해서는 목표를 설정하라. 당신의 강하고 큰 신앙을 발휘하라. 당신이 아무 목표도 세우지 않는다면 교회 개척의 좋은 도전과 기회를 놓칠 것이다. 신자들의 힘을 덜어주는 교회 개척자는 실현 가능한 목표들을 단계적으로 설정하고 성취한다. 과학적인 지역조사도 필요하지만 하늘에서 오는 성령의 비전에 의한 목표 설정이 가장 중요하다.

2. 교회 개척의 다섯 가지 원리

교회 개척에 있어서 그 어떤 전략도 완벽할 수는 없을 것이다.

그러나 서광교회의 개척과 성장 과정에서 나름대로의 원리를 발견하게 되었는데 그것을 다음의 다섯 가지로 정리해 보았다.

첫째, 자립의 원리이다. 이는 스스로의 내적, 영적 건강을 돌볼 수 있는 교회로서의 자립으로서 세 가지의 소목표(예배, 교육, 교제)가 포함된다.

둘째, 자영의 원리이다. 이는 스스로의 재정, 행정을 돌볼 수 있는 교회로서의 자영으로서 두 가지의 소목표(재정, 행정)가 포함된다.

셋째, 자전의 원리이다. 이는 스스로 복음을 전파할 수 있는 교회로서의 자전으로서 두 가지의 소목표(복음무장, 전도)가 포함된다.

넷째, 토착화의 원리이다. 이는 교회 밖의 사람들을 돌볼 수 있는 나누는 교회로서의 목표이며 두 가지 소목표(봉사와 문화토착화)가 포함된다.

다섯째, 재생산의 원리이다. 궁극적인 목표이자 다섯째 원리로서 개척 교회는 새로운 교회의 개척을 목표로 한다.

서광교회는 이상의 다섯 가지 원리를 개척 및 성장의 평가 기준으로 삼고 있다.

(1) 자립의 원리

이것은 교회의 회중을 세우는 일(교회의 내적 기능)을 중점적으로 감당하는 목표로서 여기에는 예배와 교육 그리고 교제가 필수적이다. 자립하는 교회에 있어서 예배는 교회의 내적 건강을 진단해 주는 척도이며 교육과 교제는 제자훈련의 두 구조(성경과 친교 그룹)로서 교회의 주요 훈련 과정으로 인식되어야 한다. 이 목표가 완수될 때 비로소

교회 재생산의 영적 힘을 제공하며 지속적으로 교회의 구심점 역할을 감당할 수 있다.

영적 예배 교회의 심장에 해당하는 부분으로서 가장 우선적으로 기대되는 기본적인 소목표이다. 무미건조하며 형식적인 예배가 아니라 신령과 진정을 다하여 예배하는 교회가 교회의 내적 기능에 있어서 자립하는 교회이다. 개척 교회의 예배 원리와 원형은 성경에서 발견되어야 한다.

구약은 중앙적 관계로서 예배의 문제에 초점을 맞추지만 특별한 건축물이나 공들인 성역에서의 예배진행을 지지하지 않는다고 말할 수 있다. 구약의 첫 번째 예배는 창세기 4장 26절에서 '인간들이 주의 이름을 부르기 시작하였다'는 셋과 에녹의 시대에 있었다. 이것을 '가정 공동체'라고 부를 수 있을 것이다.

'하나님의 동행함'(God-on-the-move)의 개념은 문자적으로 하나님과 함께 동행한 아브라함의 경험에서 나왔다. 아브라함은 그의 신앙의 선언으로서 제단을 세웠으나 그는 천막에 거주하였다. 예배당은 이 기동성의 개념을 강화하는 하나님의 지시 하에 모세에 의해 세워졌다. 예배는 구약시대에 있어 최종적이었다. 먼저는 이동 신전에서, 그 다음에는 이 성전에서, 그리고 마지막에는 바벨론 유수 동안과 그후 회당과 성전, 말기에는 예수와 회당 모델을 따른 교회 초기 몇 년의 시대로 옮겨졌다.

이 같은 구약의 예배는 특정 건물, 장소, 규례에 집중하지 않음을 보여주며 구약의 '하나님의 동행함' 같은 예배의 의미는 개척 교회의 상황에서 충분히 적용 가능한 원리가 된다. 이에 따라 초기에 짊어질 수 있는 교회 건축의 문제에 대한 부담을 줄이고 진정한 예배에 집중할 수 있는 것이다. 예수의 예배관은 요한복음 4장의 수가성 사마리아 여인과의 담화에서 극명하게 드러나고 있다.

"하나님은 영이시니 예배하는 자가 신령과 진정으로 할지니라."

이것이 살아있는 예배이다. 바울은 로마서 12장에서 산제사로써 영적 예배를 언급하고 있다.

예배는 우리 안에 계시는 하나님의 영에 대한 반응이다. 즉, 우리 안에 있는 성령에 의해 우리가 깊은 곳에서 '아바 아버지'라고 응답하는 자녀로서의 교제이다. 신약 예배의 원리 또한 분명하다. 그것은 구약과 다름이 없는 예배로서 신약이 예배의 의미를 더 분명하게 드러냈으며 구약의 형식을 파기하고 있다. 그러나 이것이 분명히 노천교회나 무교회를 주장함은 아니다.

개척 교회는 참 예배를 그대로 개척하면 된다. 오히려 기성교회의 예배가 형식화, 가톨릭화 되는 경향이 있으며 신약적 예배로의 회복이 더 어려워 보인다. 진정한 예배의 장애물은 이미 기성교회의 형식적인 예배에 길들여진 개척자들 자신일 수가 있다. 그러므로 개척 교회 예배의 건강은 개척자의 분명한 신앙관과 영적인 참된 예배의 자세에 의해 좌우된다고 할 것이다.

예배의 상황화는 그리스도의 말씀이 회중들 속으로 성육신 되며 하나님의 영광이 임재하시는 예배를 말한다. 그와 같은 예배는 생동감이 있으며, 참 예배의 주인이 성도가 아니라 주님이 되신다. 상황화가 지나쳐 인간 편의의 예배가 되어서는 안 되며 반대로 성육신적 예배의 상황화 없이 회중을 연설회나 발표회에 참여하는 관람객으로 만들어서도 안 된다. 의미 없는 형식은 예배에서 생명력을 상실케 한다. 그러므로 예배는 형식에 얽매이지 않으면서, 연도, 절기, 계절, 시간대, 공간, 연령, 성별에 따라 유연하게 변화될 수 있음을 기억하고, 그 시간과 공간 속에서 온전한 예배를 드림으로써 성육신 되는 예배가 요청된다.

예배의 순서와 봉사자들의 상황화, 특히 설교자의 상황화는 중요하다. 그러나 복음의 가장 뚜렷한 상황화는 설교자의 설교에서 나타날 수 있다. 필자는 이 설교의 상황화를 성도 개개인에 대한 말씀의 성육신 작업으로 이해한다. 하나님의 말씀이 문화 안에서 형태를 취한 복음을 하나님의 사람들에게 '육체화' 시키는 것이다. 복음은 하나님의 목적에 따라 단지 말씀 안의 메시지가 되지 않고, 교회 안에서 그리고 교회를 통하여 문화 안에서 성육신하는 메시지이다.

복음은 구두로 선포되어야 한다. 설교자는 복음을 해석하고 적용하여 듣는 자들에게 그 복음의 실존적 함의를 명백하게 전달해야 한다. 악기, 그림, 조각, 춤 등과 같은 표현 매체는 그것들이 표현하는 분위기나 장면들로써 복음을 강화할뿐, 엄격히 말해서 복음을 전달하지는 못한다. 오직 설교만이 그것을 할 수 있는 것이다. 복음은 하나님의 관심과 표현들에 일치해서 전달되어야 한다. 때문에 설교자는 하나님의 정신과 마음을 표현하는 단어를 사용하여 인격을 통한 증거에 힘써야 한다.

설교자는 하나님의 말씀을 선포할 때 의사소통이 이루어지도록 해야 한다. 이는 설교를 준비할 때부터 충분히 고려되어야 한다. 메시지의 도입, 전개, 결론은 대화체로 구성되어야 하며 그림을 떠올리게 하는 이미지 언어를 사용해야 한다. 그리고 설교를 쉽게 이해할 수 있도록 적절한 비유를 첨가하는 것이 바람직하다. 이러한 청중과의 대화적인 설교는 피드백 기능의 장점을 지닌다.

의사소통이 원활하게 이루어지기 위해서는 적어도 수용자에 대한 다음의 세 가지 정보가 필요하다.

첫째, 수용자가 들었는가?
둘째, 수용자는 들은 것을 생각했는가?
셋째, 수용자가 생각한 것은 무엇인가?

설교는 반응자들에게 관심을 가지는 것임에 틀림없다. 모든 회중의 변화와 함께 우리 예배봉사에서 의사소통 과정의 요소는 스스로에게 자문할 때 주의를 요한다. 예배는 독특한 하나님의 말씀을 살피고, 옮기고, 성령의 음악, 영감된 성경의 전달, 성령충만한 설교를 통한 의사소통 과정 안에서 이루어져야 한다. 의미 있는 예배의 필수적인 결과는 영적인 의사소통이다.

이때 설교자 자신의 권위는 불필요하며 메시지의 권위는 주님을 높여 드림으로써 드러난다. 설교에 있어서 타성은 가장 위험한 결과를 초래한다. 무엇보다도 설교는 설교자의 삶과 일치해야 하며 설교는 성도들의 순종하는 삶으로 피드백이 되어야 한다.

재생산교육, 제자훈련은 교육은 예배와 함께 매우 중요한 내적인 기능이 된다. "내가 너희에게 분부한 모든 것을 가르쳐 지키게 하라"(마 28:19)는 주님의 위임은 제자의 재생산 사역과 교회 개척의 재생산 사역에서 교육의 필요성을 충분히 제시하고 있다고 할 것이다. 개척 교회 전체가 교육의 대상이 되어야 하며 교육의 결과로서 개척 교회 스스로가 현지인 지도자를 세워서 그들로 그 사역을 계속하게 해야 한다.

궁극적인 교회 교육의 목표는 주님이 가르쳐 주신 모든 것이요, 그 목표는 그리스도 자신이 되며 그 방법은 그리스도의 모본에서 찾아야 할 것이다. 그래서 나는 교회 교육의 내용으로는 제자훈련을, 그리고 그 형식(구조)으로는 소그룹을 제안하며 이 교육을 재생산 교육이라고 이름 붙인다.

신생 교회를 그리스도의 장성한 분량에 이르도록 양육하고 육성할 책임이 지도자에게 있다. 목회자는 하나님의 교회를 훈련되고 온전한 교회로 성장시킬 것인지 아니면, 말 많은 기형적인 교회로 퇴보시킬 것인지에 대한 중요한 결단이 요구되는 시대임을 명심해야 한다. 교회의 재생산을 목표로 하는 개척 교회의 교육 역시 계속적으로 재생산되어야 한다. 이것이 결국 새로운 교회의 개척(재생산)을 가능케 하기 때문이다.

마태복음 28장 19절의 "내가 너희에게 분부한 모든 것"이 복음서의 기록에 한정되든지, 아니면 전체 하나님 말씀을 의미하든지 상관없이 그 내용의 범위와 그것을 일상에 적용할 수 있는 능력은 계속적인 훈련에 의해 얻어진다. 즉, 제자훈련의 본질이 그리스도께서 명령하신 것을 지키는 데 있으므로, 제자에게는 계속적인 섬김이 요구된다. 그러므로 제자들은 그리스도의 학교에서 배우는 자로서, 혹은 그 나라에서 섬기는 자로서 멈춰서는 안 된다는 하퍼의 주장과 같이 오늘날 교회의 교육적 사명은 위대한 교사되신 예수 그리스도의 제자훈련의 모델에서 찾을 수 있다.

우리는 초대교회의 부흥이 성령의 역사와 하나님의 절대적인 주권에 의해 일어난 것으로 본다. 이때의 부흥은 주님의 명령에 대한 충실한 순종으로 가능했다.

"초대교회의 이러한 성장의 원인은 방법론보다는 영적인 것이었다. 그러나 말할 나위 없이 영적인 원인은 최선의 방법을 찾았던 것이다."

초대교회가 찾은 최선의 방법이 바로 오늘날 초대교회로의 개혁을 부르짖는, 교회를 중심으로 하는 '제자훈련'인 것이다.

그런데 현대의 교회들이 이러한 초대교회의 열적인 요소를 도외시하고 제자훈련을 교회 성장의 도구로써 오용하는 것은 '제자훈련의 교육됨'을 무시하는 처사이다. 오늘날 제자훈련은 교회부흥을 위한 도구화, 심지어는 상품화되는 경향마저 나타내고 있다. 그러나 교회의 부흥은 제자훈련을 통한 교회 교육의 자연스러운 결과로서 나타나는 것임을 목회자는 유의해야 한다.

현대 사회는 소외되는 군중들을 예수 그리스도의 교제권 안으로 받아들여 코이노니아를 가져야 할 필요성이 있다. 그러므로 히브리서 기자의 권면은 우리 시대에도 타당한 진리인 것이다. 소그룹은 개인적이고 상호적인 격려에 있어 필수적이다. 우리 시대의 전략은 소그룹의 접근에 있다고 할 수 있다. 우리는 지역 안에서 누룩으로 섬겨야 할 헌신되고 성장하는 제자들의 한 핵심을 훈련시켜야 하는 것이다.

교회 안에 있는 많은 그룹들이 모임 그 자체에 의의를 두고 모이다가 결국에는 목적과는 동떨어진 결과로 전락하는 경우가 많다. 그러므로 교회 내에는 교제그룹이 많이 필요하다. 그러나 교제만을 위한 모임도 결국에는 성경공부의 필요성을 느끼게 되고 성경공부가 이루어질 때 보다 유익한 결과를 가져온다.

왜 성경공부가 교제그룹 중심이 되어야 하는지에 대한 첫 번째 이유는 성경적 메시지의 재이해는 교회 안에서 중요한 각성이나 개혁들이 행해질 때 역사적으로 필수 요소였다는 증거의 문제이다. 두 번째 이유는 성경공부는 소그룹 교제의 결정적 본질을 제공하기 때문이다. 만일 관심의 초점이 될 수 있는 객관적인 자료가 없다면 기도 그룹이나 탐사 그룹은 자기중심적이 되고 감상적으로 흐르게 될 것이다.

교제 그룹의 중심으로서의 성경공부에 대한 세 번째 이유는 매우 실용적이라는 것이다. 많은 수의 사람들을 소그룹으로 나누는 데 있어서 성경공부는 최고의 방법이다. 모든 성숙한 그리스도인과 그리스도인이 되기를 갈망하는 사람들은 그 자신이 성숙한 그리스도인이 되기 위한 필수 요소로서 먼저 성경의 지식을 손꼽는 것을 우리는 예견할 수 있다.

제자훈련에서의 소그룹 성경공부는 성경공부의 대표적인 형식으로서 중심적인 위치에 있다. 그러나 이런 중요성의 인식에 비해 이것을 신학적 연구와 방법으로 발전시키는 노력은 적고 단기적인 훈련의 효과만 노려서 너무 실용 위주, 성장 위주의 성경공부가 행하여지고 있는 것이 현실이다. 따라서 제자훈련의 그룹은 인격적인 성숙과 함께 친교를 위한 그룹으로 발전되어야 한다.

(2) 자영의 원리

교회 개척의 두 번째 목표는 재정과 행정의 독립이다. 초대교회는 교회를 세워가면서 자연스럽게 재정과 행정의 독립을 이루었다. 일곱 명의 집사를 세운 목적은 직분을 위함이 아니라 공동체 속에서 발생하는 재정과 행정의 필요를 채우기 위함이었고 직분은 교회의 필요에 의해서였다. 교회 개척에 있어서 재정이 목표는 자급에 있다. 재정적인 독립성과 책임성은 개척 교회가 성숙해지는 기초가 된다. 교회 개척의 현장과 선교의 현장에서 쉽게 발견되는 재정적 수급과 운영으로 인한 현장 지도자와 성도, 현지 교회와 후원 교회의 갈등은 교회 재정에 대한 분명한 목표 상실과 실제적인 운영의 부재에 있다.

재정의 목표를 세움 개척 교회에서는 재정의 상당액이 지원 교회의 후원으로 채워진다. 바나바와 바울은 안디옥에 있다가 예루살렘에 있는 형제들을 돕기 위하여 선물을 가지고 예루살렘으로 갔었다.

우리는 재정에 있어서 실제적인 목표와 함께 그것의 우선순위를 설정하여야 한다. 무엇이 예산을 결정하는가? 실제적인 재정의 목표는 무엇인가? 교회가 어떻게 재정을 결정하는가? 그 대답은 간단하다. 즉, 교회의 필요에 의해 예산의 규모가 결정된다. 그러나 교회 재정을 어떻게 누구로부터 충당할 것인가를 우선시할 경우, 예산의 결정이 교회 사역에 있지 않고 재정의 확보에 의해 결정된다.

실제적인 예산규모에 도달하는 한 실천적인 방법은 새로운 교회의 각 부서를 통하여 일하는 것이다. 확실히 실제적인 예산은 회중의 상대적인 잠재 가능성을 무시해서는 안 된다. 교회는 그 예산을 준비함에 있어서 잠재적 기능성을 가지고 필요에 부응할 수 있도록 진지한 노력을 해야 한다. 그렇게 함에 있어서 교회는 하나님께서는 헌신된 재정적 청지기 정신을 통하여 공급할 것이라는 것을 믿어야 한다.

교회 개척 초기는 물론이고 교회가 대형화 될수록 재정에 있어서는 투명해야 한다. 재정의 비공개와 운영은 결국은 부도덕한 자금을 형성할 가능성을 남기고, 교회의 목표에서 벗어나게 만들기 때문이다. 공동체에서 가장 위험스런 결과를 낳은 영역은 재정 운영이었고, 초대교회의 최초의 문제들(과부들 구제건과 아나니아와 삽비라의 성령을 속인 사건) 또한 물질의 불공평한 분배와 탐심에 의한 것이었다. 이를 위해 사역의 추진자가 재정에 관여하지 않고 재정을 관리하면서 점차적으로 재정 운영을 넘겨주어야 한다. 이는 교회 개척의 초기부터 지켜져야 할 원칙이다.

교회가 재생산의 목표와 다른 교회의 개척을 향하여 그 성장이 양심적으로 인도되고 있는 중이라면 교회는 자립과 재정적인 독립성을 가장 중요한 목표로 고려할 것이다. 재정적인 목표는 자립을 향하여 끊임없이 개정되어야 한다. 그리고 사역의 본질에서 벗어난 변두리 항목이나 활동을 위한 불필요한 구입과 지출은 극히 최소한으로 경감되어야만 한다.

재정적인 독립성을 가능한 한 빨리 성취하면 즉각적으로 인식할 수 있는 이익이 세 가지 있다.

첫째, 그 기금은 후원자들에 의하여 새로운 교회들을 시작하는 데 사용되어질 수 있다.

둘째, 자립은 조직의 성숙을 가리키고 재정적인 고려 없이도 재생산을 위한 새로운 능력에 공헌한다.

셋째, 자립하는 교회는 자율적이고 후원자로부터 강제나 혹은 간섭 없이 그 자신이 문제들을 해결할 수 있다.

개척 교회의 재정의 취약성은 재정의 개인적인 관리와 부적절한 보고에 있다. 먼저, 회계원들은 교회의 종이 되어야 하며 지속적인 회계 보고와 감사는 교회의 재정적 상황을 알리는 투명성과 참여도를 높임으로써 개척 교회의 자영을 가능하게 한다.

행정과 조직 성경은 교회 행정이 은사적 기능이 된다고 말하고 있다. 비록 행정이 성령의 은사일지라도 그것은 학문적인 기술이기 때문에 발전이 필요하다. 행정은 재정과 마찬가지로 사람을 통하여 이루어진다. 그렇기 때문에 단순한 기능을 가진 사람이 행정을 관리할 수 없다. 그것은 관리자의 인간됨이 인선에 우선되어야 함을 의미한다.

사도행전 6장에서 집사로 세워진 자들의 첫째 요건은 '성령의 충만'이다. 신약시대 장로의 중요하고 특별한 기능 중의 하나는 성령의 인도 하에 회중을 관리하는 것이었는데, 그것은 회중 위에 군림하는 것이 아니라 본을 보임에 의해서이다. 오늘날 지역교회는 불행하게도 영적인 본질이 결여된 사람이 아닌, 높게 갖추어진 사람의 손에 의해 밝혀지지 않은 고난과 회복할 수 없는 손상으로 고통을 받는다.

교회는 최초의 조직과 함께 새로운 조직을 내외에서 계속 요청받게 될 것이다. 어떤 때에는 기존 조직을 해체하거나 조직의 수정 보완을 요구받기도 한다. 먼저는 교회 개척의 시작 이전에 교회행정과 조직이 구상되어야 하며 충동적이거나 개인 중심의 기구가 존재하는 것은 교회 개척의 목표에 부응하지 않는다. 개척 교회의 조직은 전통적인 교회, 개척 교회, 성장이 느린 신자, 도시 교회와 농·어촌 교회의 경우로 분류한다면 보다 정확한 분석이 될 것이다. 또한 교육을 중심으로 하는 조직, 연령을 중심으로 하는 조직, 지역에 따른 조직 등으로도 구성이 가능하다. 이 같은 조직은 사역을 분담하고 지도력의 분담을 가져올 수 있어야 하며 이를 위해 그룹을 활용할 수 있다.

(3) 자전의 원리

자전하는 교회는 복음을 수용했듯이 복음을 새로운 지역에 전달 전수함으로써 복음의 빚을 갚게 된다. 이는 세상으로 나아가는 교회로서의 사명이 된다. 여기서는 자전하는 개척 교회의 복음 무장(내용)과 복음전달로 구분하여 다루고자 한다.

복음의 전달만큼 그것의 내용도 매우 중요하다. 제임스 패커(James I. Paker)는 복음 전달에 대한 세 가지 관찰을 유추한다. 복음의 내용은 항상 복음의 전달 방법을 통제한다. 이 원리는 전달되는 메시지와는 상관없이 기독교에만 관심을 갖는 경향 때문에 제시된다. 복음이 효과적으로 전달되기 위해서는 복음의 내용이 하나님 앞에서 청자의 마음 상태와 필요를 진단하고, 삶의 가치를 판단하고 자신을 돌아보아 하나님의 자비로운 초청을 받아들여 보다 철저하게 하나님께 위탁하는 것이라는 사실이 충분히 알려져야 한다.

불트만은 당대의 독일인들에게 복음을 전달할 목적으로 초자연적인 성경의 우주관을 비신화화함으로써 성경의 기적과 기적을 행하는 그리스도를 제거해 버렸다. 로빈손도 배타적으로 내재적인 신 관념을 제시했다. 이 둘은 효과적인 전달을 목적으로 행한 것이지만 목욕물과 함께 아이를 버리는 실수를 범한 결과를 초래하였다.

문화적으로 어느 하나를 고집하는 것은 옳지 않고, 서로 유익을 주고 받을 수 있는 코이노니아를 이루어야 한다. 복음전달자는 문화와 관련하여 몇 가지의 이해가 필요하다.

첫째, 그들은 자신들의 독특한 문화를 갖고 있음을 인식해야 한다. 전달자는 각 문화를 충분히 자각하여야 한다.

둘째, 전달자는 성경의 복음의 문화적 배경을 생각하고 이해하도록 훈련되어야 한다.

셋째, 복음이 전달자와 문화가 교차하는 경계지역에서 증거할 기회를 가졌을 때 전달자들은 자신의 문화뿐만 아니라 수용자들의 문화에 깊은 이해를 가져야 한다.

넷째, 전달자는 기대감으로 자신의 통문화적 증거에 접근해야만 한다. 복음에 대한 자신의 이해의 불완전함으로 성령의 새로운 것 행함을 준비해야 한다.

그러면 복음의 무엇이며 어떠한 요소로서 구성되는가? 제임스 패커는 기독교 복음을 다섯 가지로 요약하고 있다.

첫째, 복음은 우리에게 우리의 조성자인 하나님에 관해 말한다.

둘째, 복음은 우리에게 죄에 관해 말한다.

셋째, 복음은 우리에게 그리스도에 관해 말한다.

넷째, 복음은 우리에게 신앙과 회개와 제자도에 관해 말한다.

다섯째, 복음은 우리에게 새 것을 말한다.

전도는 말에 있는 것이 아니다. 살아 실재하는 원리로서 주의 명령에 순종하여 가서 전함으로써 가능하게 한다. 예수는 '가라'고 말하였다. 우리는 사람들을 방문하고 관계를 세우고 그들을 그리스도에게 소개해야 할 필요가 있다. 전도의 일시와 장소는 여기에서 다루지 않는다. 전도는 은사라기보다 모든 그리스도인에게 주신 당부이다. 그러므로 우리 모두는 전도의 사명을 가지고 있는 것이다.

그러면 교회 개척 목표를 위한 전도는 어떻게 준비되어야 하는가? 먼저, 가족 전도에 있다. 다음으로 다른 문화에 속한 가족들을 복음화 하는 것이다. 성경은 가족의 개념을 강력히 지지한다. 가족과 공동체가 높이 평가되는 곳에서 복음은 사회구조를 다룰 때와 같이 감지할 필요가 없는 것이다. 사실 그 같은 방법은 실제로 이 구조를 강화시킨다. 공동체의 가장이나 연장자들에 대한 존경은 그들과 먼저 복음을 소통하고 토의함으로서 나타난다. 만일 가장이 복음을 수용한다면 그때 예배와 종교적 행사는 협력하여 가족 단위로 된다.

루카스는 교회 개척에 있어서의 복음 접근을 현존 전도와 선포 전도의 순으로 할 것을 당부한다. 여기에서는 다음의 질문을 다루어야 한다. 창조주 하나님, 죄의 사실, 죄의 심판, 그리스도께서 죄를 지심, 구원은 선물, 은혜이다. 우리는 그것을 받아들일 필요가 있다.

복음 전도의 성패는 전하는 자와 듣는 자 사이의 소위 접촉점의 발견 여부에 의해 결정된다고 할 것이다. 하나님은 항상 우리를 만나신다. 그러나 두 가지로 언급되어야 한다. 하나는 복음이 전달자에 관한 것이고 다른 하나는 복음의 청취자들에 대한 것이다. 복음은 고의적이든 무의식적이든 간에 오용되는 것과 기독교 신앙이 어떤 지역의 전통적인 신념들과 혼합하는 혼합주의를 피할 수 있어야 한다.

의사전달을 할 때는 쌍방간 소통 과정에서 소음이 있기에 효과적인 의사전달을 위해서는 전달자와 수용자간의 공동적인 노력이 요구된다. 이런 이유로 양자의 공통적인 요소들에 관해, 다음으로 전달자의 관점에서, 마지막으로 수용자의 입장에서 교호작용이 근본적으로 필요하다.

(4) 토착화의 원리

교회는 지역사회와의 관계를 요청받는다. 이때에 교회는 그 관계 여부를 결정하여야 한다. 그러나 이것이 개척의 목표를 설정하면서 이미 준비되어 있다면 어려운 문제는 아닐 것이다. 사회활동은 교회 개척의 목표를 위한 수단이 될 수 있다. 그러나 사회개발과 같은 사역이 교회의 전적이고 중심적인 사역이 되는 경우와 전도를 위해 수단시하는 두 현상은 결국 복음을 변질시켜 증거하는 일이 될 수 있다. 사회활동과 관련하여 교회의 사회활동은 진정한 사회에 대한 책임과 사랑이 밑바탕이 되어야 하고 독립적인 사회 참여로서 이루어져야 한다. 그러므로 사회활동은 복음전파의 동반자라고 할 수 있다. 그러나 그 참여에도 한계가 있다. 일반적인 선교의 현장이나 교회 개척의 지역은 그 삶의 수준과 인권이 낮은 경우가 대부분이기 때문에 사역자는 예상치 못한 여러 상황과 만나게 된다.

사회 공동체 개발에서 요구되는 세 가지 은사가 있다. 하나는 복음을 알지 못하는 사람을 그리스도와 개척 교회로 인도하는 것이요, 또 다른 하나는 식량생산, 건강 돌봄, 학문 또는 직업적 훈련과 같은 기술적 분야에 대한 것이다.

세 번째는 사람들을 돕기 위해 계획하고, 실행, 평가하는 행정의 은사이다. 주요 전략은 교회 개척의 세 가지 영역에서 특별한 은사를 지닌 사람들로 팀을 조직하는 것이다.

위의 두세 번째 요소는 독특한 교회 개척의 전략이다. 하지만 두 번째 사역은 필요한 지역에서 가능한 은사이며 우선순위에 있어 교회의 개척이 앞선다. 한편 성경의 전도자들이 두세 번째 요소에 직접 관여했다는 예를 발견하는 것은 결코 어려운 일이 아니다. 초대교회의 유무상통의 삶과 구제에서 빠진 과부들을 위한 집사 임직은 오늘날 우리 시대의 교회상황에서도 발견되어야 할 은사라고 할 수 있다.

교회는 봉사와 구제의 기능을 통해 교우와 사회에 접근할 수 있다. 초대교회의 공동체에서의 유무상통은 분명히 교회의 삶과 영향력이 어디까지인지를 잘 보여준다. 이러한 사회공동체에 대한 삶은 교회개척 초기부터 가능하다. 주님에 대한 헌신과 사회에 대한 봉사를 감당 못할 만큼 어린 교회는 없다. 개척 교회가 그 지역 사회 공동체에 적응(토착화)하지 못하면 다음 세대에서 교회는 개척의 뿌리를 잃게 될 것이다. 그러므로 교회는 개척 초기부터 나누는 교회로서 공동체 안으로 스며들어야 한다.

개척 교회는 지역의 문화적인 충격과 만나게 된다. 여기에는 지역의 영적, 사회적, 정신적, 예술 문화적 영역들이 교회에 도전하여 온다. 개척 교회는 지역에 뿌리를 내려야 한다. 주님의 성육신의 원리와 동화의 원리는 지역토착화에 대한 원리이기 때문이다. 그리스도는 육신을 입으시고 그들과 동화하셨음에도 하나님의 본질을 조금도 손상하지 않으셨다.

교회는 그들의 문화와 의식들을 연구해야 하고 본질을 잃지 않는 범위 내에서 교회는 그들의 문화로 옷 입고 그들 속으로 침투해 들어가는 적극성을 보여야 하며 교회는 모든 사람들에게 늘 개방되어 있음을 보여 주어야 한다. 이는 세상에 속하였으나 세상과 같지 않은 구별된 교회를 말한다. 이를 지역사회에 대한 교회의 육신화, 토착화라고 부를 수 있으며 개척 교회가 꼭 이루어내야 하는 영역이다.

(5) 재생산의 원리

교회 개척의 궁극적이고 가장 본질적인 목표는 교회의 재생산이다. 지속적인 재생산을 통해 교회의 목표는 주님의 목표와 일치하여야 한다.

로버트 콜먼(Robert E. Coleman)은 예수님의 사역에서 발견한 보다 포괄적인 8가지 원리의 마지막을 '재생산'으로 보고 강조한다. 이 8가지 사역의 원리는 예수님의 마음에 묻어둔 전략이었고, 예수님은 제자들과의 처음부터 마지막까지를 그 자신의 전략으로써 실현시켜 가셨던 것이다.

① 선택(눅 6:13)

② 동기(마 28:20)

③ 헌신(마 11:29)

④ 분여(요 20:22)

⑤ 시범(요 13:15)

⑥ 위임(마 4:19)

⑦ 감독(막 8:17)

⑧ 재생산(요 15:16)

예수님은 그들이 재생산할 것을 기대하셨던 것이다. 제자도를 통한 복음전도의 한 가지 중요한 목표는 제자들이 그리스도뿐만 아니라 그리스도의 몸 된 교회에도 헌신할 수 있게 하는 것이다. 이것은 예수님이 제시하신 목표와도 일치한다. "내 교회를 세우리라"(마 16:18). 사도들이 교회를 세우는 도구였기 때문에, 예수께서는 아주 초기부터 그들을 함께 묶어 두셨다. 그렇게 함으로써 그들은 공동체 생활의 경험을 쌓아 가는데(비록 유동적 공동체이지만) 그것은 그들이 후에 예루살렘에서 시작하여 로마제국의 도시와 그 외 많은 도시에서 교회를 세울 수 있게 해주었다.

사도행전 2장 41~47절에 나오는 예루살렘교회의 모델은 '제자삼기'의 이미를 더욱 분명히 보여주며, ① 회심(41절) ② 동일시(41절) ③ 공동체의 일원이 됨(41절) ④ 교육(42절) ⑤ 참여(42~46절) ⑥ 전파(47절) ⑦ 재생산(47절) 등으로 초대교회의 모델을 제시한다.

특히 스코트(Waldron Scott)는 예루살렘교회의 재생산의 독특성을 이렇게 설명한다. 하나님께서는 날마다 구원받는 사람을 더하게 하셨다. 초기 그리스도인들은 교회 밖에서 칭송을 받았다. 여기에 제자 공동체의 구심적이고 매력적인 힘이 있다.

이미 개척된 교회도 계속 새로운 개척 사역에 동참해야 한다. 개척 교회가 유지될 수 있는 유일한 이유이기 때문이다. 개척 교회는 신생 교회로서 확립이 되고 무장이 되었다. 그러나 이것이 개척 사역의 완성을 말하는 것은 아니다. 교회는 계속적인 재생산을 요청받고 있다. 그것이 교회의 형태이든지 선교회의 형태이든지, 혹은 개인의 사역이든지 주님의 사역은 오직 재생산됨으로써 성취된다.

3. 교회 개척의 실제 과정

(1) 사전 준비 과정

협력하는 팀 사역 모든 주님의 교회 사역은 협력으로써 가능하다. 특히 개척 교회에서의 사역은 팀 사역이라고도 할 수 있다. 교회 개척은 다양한 은사 받은 사람들의 팀으로 시작되어야 하며 사역이 진행되고 끝나야 한다. 목회자 개인의 튀는 지도력이 개척 교회를 주장할 때, 개척 교회의 장래는 위태롭다. 개척 지도자의 팀을 통한 사역은 사역의 속도와 조직을 안정되게 할 수 있다는 장점이 있다. 그러므로 팀 사역은 개척 교회를 시작하면서부터 준비되어야 한다.

초대교회는 가정 또는 지역모임이라는 소그룹으로 구성된 교회였고, 그 그룹의 활동은 오늘날 교회에 가치 모범적이라고 말할 수 있을 것이다. 구레네 및 구브로 선교단(CCM)은 안디옥 교회를 개척했다

(행 11~13장). 바울 사도의 전도그룹 역시 오늘날 해외선교의 좋은 모델로써 제시되고 있다. 바울은 회당에서, 공공 광장에서, 그리고 그가 군중에게 접근할 수 있는 어디에서나 설교하였다.

그러나 지중해 교회들의 기초가 되었던 것은 군중이 아니라 바울이 수개월 동안 머물며 사역하였던 라디아, 빌립보, 고린도에서의 작은 개척 그룹들이었다.

바울의 팀 사역(행 12:25, 13:2, 15:36~39, 16:1~3)은 곳곳에서 복음증거를 통해 교회를 세웠다. 바울의 전도팀은 당시의 복음증거에 효과적인 활동을 하였다. 아무리 능력과 지혜가 뛰어났던 바울이라도 바나바와 그룹을 분리한 후 역시 홀로 전도하게 하지 않았다. 그는 그룹을 통한 전도의 필요성과 효과를 알고 있었다.

사와츠키(B. A. Sawatsky)는 팀사역의 장점을 다음과 같이 소개한다. 첫째, 상호보완적이다. 둘째, 영적 은사, 기술을 위한 아이디어를 제공한다. 셋째, 경험된 팀은 새 멤버를 위해 현장실습을 제공할 수 있다. 넷째, 상호격려, 동기의 기회를 제공한다. 다섯째, 창조성, 개혁성을 자극한다. 여섯째, 협력하여 기도할 수 있다. 일곱째, 개인적으로 교회개척을 도울 수 있다.

개척 교회의 사역은 팀을 통한 전도이며 양육 훈련과정이라고 할 수 있다. 팀은 또한 개척 교회로서 새로운 재생산을 가능하게 하며 팀 사역은 개척작업의 성패를 좌우한다.

먼저 교회 개척을 준비함에 있어서 먼저 교회의 목적과 목표를 설정하고, 그에 따른 전략을 설정해야 한다. 그리고 개척구조 결정, 지역 준비 조사, 그리고 팀훈련과 파송 순서로 이어져야 한다. 이중에서 개척할 후보지역에 대한 조사와 선택은 몇 가지의 기준에 의한 것이어야 한다.

물론 어떤 장소가 좋은 개척 장소인지 여러 가지 상황 속에서 결정해야겠지만, 중요한 것은 하나님의 인도하심이 어디에 있는지 개척지에 대한 확실한 부르심이 있어야 한다. 목회 사역지에 대한 부르심의 확신이 부족하면 부흥이 되지 않을 경우 이곳 저곳 장소만 찾다가 많은 시간을 허비하게 될 것이다.

'여기가 내 뼈를 묻을 곳이다' 라는 마음으로 개척하면 쉽게 동요되지 않을 것이다. 어떤 곳이 좋은 곳인지 묻지 말고 이곳이 나의 뼈를 묻어야 할 하나님의 장소인가 라고 물어야 한다. 중요한 것은 장소가 아니라 하나님의 부르심이다.

사무엘 페어클로스는 보내는 교회로부터 멀지 않은, 접근하기 쉬운 지역을 조사하도록 권유하고 있다. 물론 복음을 듣지 못하거나 목회자가 없는 소외지에 대한 접근을 경시함으로써 모든 족속을 향하라는 주의 명령에 합당하지 못한 점이 있기는 하다. 그러나 그의 주장은 근접 지역 주민들의 경향, 지역 협력자와의 접촉, 가족간의 연관관계, 그리고 가족이 성경공부에 흥미를 가지고 있는가를 주의 깊게 관찰, 기록해야 한다는 것이다.

교회 개척에서 국가별, 인종적, 종교적, 문화적 차이나, 소비도시, 전통도시, 환락도시, 신도시 등의 도시 유형, 지역사회에서 교회의 위치와 주민들의 수와 관습 등도 개척팀과 개척 교회의 유형을 결정하게 하는 요인이 된다. 개척 교회에는 도심지 변두리 지역과 농촌지역에 있는 작은 도시와 촌락도 필요하다. 그러나 21세기 인구 변동과 집중 패러다임을 볼 때 작은 도시 교회와 이웃교회를 지원하기에 충분치 않아서, 큰 지역을 봉사할 주요 교통도로변에 있는 도심지 개척 교회가 필요하다.

개척팀은 목표지역의 상세한 인구통계학의 조사표를 구하거나 지역의 문화와 종교들을 파악할 수 있어야 한다. 사전에 교회가 필요한 지역이 정하여지면 일정한 목표 지역을 먼저 선정하고 그 지역을 담당할 수 있는 곳을 위치로 정하는 것이 바람직하다.

한편 지역에 따른 사역의 변화도 기대할 수 있다. 이는 사역의 포기나 변질이 아니라 적응과 지역토착화라고 할 것이다. 먼저 지역에 맞는 독특한 전략이 필요하며, 지역 안에서 그리고 도시 자체에 대한 사역이 필요하다. 지역의 전체 욕구에 대처할 수 있는 다면적인 전략만이 효과를 거둘 수 있다. 이것은 개인의 리더십만으로는 불가능하다. 이는 개척팀 전체의 참여와 지도력이 팀 중심이 되어야 한다는 것을 보여준다.

(2) 개척팀 훈련전략

이제 더 실제적인 교회 개척 전략을 살피고자 한다. 여기에서는 특별히 개척팀을 위한 훈련 전략에 초점을 맞추고자 한다. 이를 위해 교회의 선교적 사명에 근거하여, 교회의 성장과 함께 교회의 재생산(교회이식), 즉 해외 혹은 국내의 지교회 개척이라는 이상적인 목표에 맞추어 내용을 기술하고자 한다.

먼저 최소한의 몇 가지 개척 원리가 수립되어야 한다.

첫째, 교회 개척은 목표가 있어야 하고, 전략적이어야 한다.

둘째, 교회 개척은 성경적, 복음적이어야 한다.

셋째, 교회 개척의 대상은 일정할 수 있으나 폐쇄적이지 않아야 한다.

넷째, 교회 개척은 내용(훈련교육과정)이 확립, 보장되어야 한다.

다섯째, 개척 교회는 현지인 중심의 교회로 정착되어야 한다.

여섯째, 교회 개척은 팀 사역 중심이어야 한다.

일곱째, 교회 개척의 목적은 자립, 자영, 자전, 토착화이며 교회 성장의 목적 이전에 교회의 재생산에 두어야 한다.

이같은 원칙에 가장 충실할 수 있는 조직, 구조는 팀을 통하는 것이다. 먼저 개척팀이 먼저 훈련되어지는 것이 과제이다.

교회 개척팀의 훈련 전략은 벤 사와츠키의 개척전략에서 많은 도움을 얻었다. 여기에서는 그의 사역 결과로써 확립된 지도자 이수과정(LAP: Leadership Asistance Program)에 따라 단계별 교회 개척 훈련 단계를 소개하고 평가한 후 필자의 개척전략에 도움을 얻고자 한다.

바울은 그와 함께 순회하는 동료와 지역교회 동료들과 함께 두 유형으로 사역을 하였다. 그의 순회팀은 본질적으로 초교회, 초국가, 초인종적인(inter-church, international, inter-racial) 특징을 지녔다. 바울은 한 팀의 훈련가로서 좋은 모델이 된다. 그는 에베소의 회당과 두란노의 이방인 서원에서 3년을 근무하였다. 여기에서 교육받은 자들이 현지에 투입되고 파송을 받았다.

바울의 순회팀은 살아 움직이는 구조이다. 몇몇은 그와 짧게 머물렀고, 디모데와 실라는 오랜 시간 팀으로 머물렀다. 몇몇은 매일 두란노에서 바울의 가르침을 받았으나 그들이 신학적 훈련을 받은 것이 아니었다. 대신 훈련은 사역의 현장에서 이루어졌다. 팀 구성원들은 바울을 관찰하고 다른 이들은 그들의 삶과 사역을 닮아 갔다. 예수의 교육은 보여주는 교육이었다.

벤 사와츠키의 훈련 주기는 다음과 같이 구성된다. 훈련기간은 5년으로서 이 기간은 피훈련자의 훈련기간일 뿐 아니라 이들이 개척한 새로운 교회가 모교회가 되어 지교회를 설립할 수 있는 기간이기도 하다. 이 훈련 주기는 4단계로 구성되어 있는데 이는 다음과 같다.

1단계: 팀구성과 모집 단계(6개월)
2단계: 훈련의 계속과 새로운 교회 개척(2년 6개월)
3단계: 훈련의 계속적인 실시와 교회의 조직(4년차)
4단계: 훈련의 종료와 신설교회 설립(5년차)

1단계-모집의 단계: 팀 구성과 모집단계(6개월)
벤 사와츠키는 교회 개척의 1단계로서 팀 구성을 언급한다. 여기에는 세 개의 팀이 있다. 모교회(parent church), 교회 개척 훈련 조련가들(church planting team trainers), 교회 개척팀 수련생들(church planting team trainees)이다.

모교회 개척팀은 다양한 영적 수준의 사람, 독신자와 기혼자들, 평판을 기초로 교회에서 선택하여 공예배 시에 임명한다. 임명할 때 다음과 같은 사람은 피하기를 바란다. 프라이드에 문제가 있는 사람, 코치보다는 리더 역할이 필요한 사람, 다른 사람들을 컨트롤하려는 사람, 다른 사역들에 너무 지나치게 헌신적인 사람 등이다.

반면 다음과 같은 사람을 찾으라. 좋은 성품을 가진 사람, 비전과 가치관을 함께 나누는 사람, 충성스런 사람, 다른 리더들로부터 존경을 받는 사람, 다른 사람들을 사역에 참여토록 북돋아 주는 사람, 가르칠 수 있는 사람, 사역을 이끌어 갈 능력이 있는 사람, 사역을 배가시킬 능력이 있는 사람, 전략을 세우고 훈련할 능력이 있는 사람, 도전을 주고 문제를 직면할 능력이 있는 사람 등이다.

모교회는 이외에도 개척 교회에 기도, 재정지원, 선교지역 결정에 참여(기준: 기존 교회의 존재 여부, 위치의 적합성, 인구의 적합성, 인구의 수준, 잠재 성장 가능성, 교회 개척팀의 접근 가능성 여부, 목표지역과 연결할 수 있는 지역은 어디인가 등)에 기여하게 된다. 이 모교회 개척팀은 기존 교회나 이미 개척된 교회에서 보내어지며 개척팀은 파송 교회의 대표자요, 그리스도의 대사적인 책임을 지닌다. 모교회인 파송 교회는 파송 교회로서의 영적, 재정적, 지원에 책임과 의무를 지닌다.

무엇보다 모교회가 중보기도를 강화하는 데 효과적인 교회들은 영적인 생동감이 증가한다. 영적인 깊이를 진작시키는 주요한 방법 중의 하나는 기도를 통하여 온다. 자신의 지역 사회와 그 너머에 경건한 비전을 품고 성장하는 건강한 교회에 있어서는 기도의 기반을 넓혀 나가는 것이 필수적인 일이다.

이를 위해서는 첫째, 의도적으로 기도 사역의 발전을 꾀해야 한다. 둘째, 기도와 중보기도 사역도 다른 어느 사역들과 마찬가지로 능력 있는 리더십을 필요로 한다. 셋째, 배양 시스템과 멘토링을 통하여 더 많은 중보 기도자들을 육성해야 한다. 넷째, 외부의 중보 기도자들이 기도 사역의 시작을 촉진시켜야 한다.

모교회 조련사 팀의 기능은 교사, 강화무장훈련, 조언자, 충원자로서 모교회와 훈련팀 간에 공개적으로 이루어져야 한다. 그렇지 않은 경우, 혼란만 초래한다. 조련사 팀의 기능은 지역교회를 심고 물을 줄 수 있는 현지 그리스도인들을 훈련하고 무장시키며 동기를 부여하는 것이다. 조련사 팀은 교회 개척팀은 아니다. 훈련팀은 교회 개척의 여러 사역에 참여하나 교회 개척의 일부이지 개척팀은 아니다.

효과적인 조련사 팀은 다음의 역동성을 이끌게 된다.

첫째, 동일한 비전과 목적, 전략을 공유한다.
둘째, 상호이해, 신뢰, 존경을 가능하게 한다.
셋째, 솔직한 대화가 가능하다.

넷째, 자신의 아이디어를 표현하고, 불일치도 나눌 수 있다.
다섯째, 완전 합의에 의해 의사 결정을 한다.
여섯째, 팀 구성원이 상호지지, 성장을 하게 한다.
일곱째, 개인, 공동전략에 대한 자유로운 평가활동 등을 통해 이들은 마치 공동 예금과 연결 계좌를 지닌 것과 같은 공동체가 된다.

예수님의 사역은 일대일의 사역이 아니었다. 개인적인 주님이 아니셨으며, 전체 그룹에 관심이 계셨다. 그분은 전도를 위해 파송하실 때 두 명씩 보내셨다. 그분은 그룹으로 가르치고, 기도하고 사역하셨다. 그분을 따라 제자들은 사도팀이 되었고 그 부분들의 합보다 더 막강한 한 몸이 되었다. 단일 사역자보다는 팀으로 교회를 세우는 것이 훨씬 견고하고, 철수한 후에도 영향력이 적다고 할 수 있다.

피훈련자팀의 구성은 8명이 적합하고 선발기준은 현재의 성과보다는 잠재력을 기준으로 하여 선발한다. 그리고 자신의 역할과 사명, 훈련 목적을 인식하여 십일조를 하게 한다(훈련팀과 피훈련팀의 십일조는 6개월간의 경비로 사용할 수도 있다).

제1단계는 주별 모임으로 이는 결정적으로 중요하다. 기본 과목 이수뿐만 아니라 성경공부, 합심기도, 나눔, 공동기획, 공동예배를 통해 일체감을 키운다. 이 기간에 새로운 개척 교회의 기초가 형성된다.

훈련, 교육과정 벤 사와츠키는 훈련팀 교육과정을 다음과 같이 설정한다. LAP과정은 훈련자의 기본 이수과정으로서 5년 과정에 20과목

이 있으며 LAP 교육과정의 기준은 어떻게 하면 하나님을 영화롭게 할 수 있는가? 교회 개척과 성장의 방법은 기독교 진리의 습득과 방법이 되며, 목적은 올바른 인격을 개발하여 구체적 사역을 수행할 수 있도록 하는 데 있으며 이를 세분하여 살펴보면, 첫째, 전도 코스에서는 잃은 양에 대한 사랑, 둘째, 귀납법적 성경공부에서는 개인 성경공부 방법과 연구를 통한 통찰력의 나눔, 셋째, 세계선교 코스에서는 세계적인 안목과 사랑을 지닌 세계적 그리스도인의 양성이다.

훈련팀은 이 과정을 통해 은사를 발견한다. 또한 이 과정을 통해 훈련팀은 예배인도, 설교, 심방, 교회성장에 대한 정예부대가 되고 현지 개척팀의 모범이 된다. 본 개척 훈련전략의 특징은 모교회와 훈련팀과 피훈련팀의 동역으로 훈련의 진행과정 중에 교회를 개척하는 실제적인 훈련이 되어진다는 것이다.

2단계-확립의 단계: 지속적인 훈련과 새로운 교회 개척(2년 6개월)

벤 사와츠키의 2단계를 확립의 단계라고 부를 수 있다. 2년 6개월의 훈련과정 속에서 훈련팀은 새로운 교회를 개척하는 시기이다. 6개월이 경과하면 훈련자, 피훈련자 모두 부분적 경험이 형성되며 이때가 OJT(On-the-Jop Training : 직무교육) 도입 시기이며, 모교회의 역할은 감소된다(기도와 정신적 지원은 계속됨). 그러나 모교회와 신설교회는 특별행사, 세례, 기념식, 캠페인 등을 연합으로 추진할 수 있다.

이때 피해야 할 함정이 있다. 새로운 교회에서 너무 많은 집회를 하지 않도록 한다(예배는 공예배로 한정할 것 등). 신설 교회가 성장하면서 모교회, 훈련팀, 피훈련팀이 분기별 모임을 갖고(의제는 토착문화에 대한 변용적 수용문제) 이를 2개월, 매월 실시 등으로 확대시키면서 궁극적으로는 대규모 전도집회 등을 개최할 수 있도록 한다. 벤 사와츠키는 2년 6개월의 단계에서 교회 개척을 주장하나 이는 조금 이른 감이 있다고 하겠다.

3단계 - 무장의 단계 : 훈련의 계속적인 실시와 교회의 조직(4년 차)

4년 차의 신설교회는 교회헌법, 지도자, 장로, 집사 등을 피택하여 교회를 조직한다. 이 단계에서 모교회는 신설 교회의 자율권을 인정한다. 단, 상호협력은 계속된다. 4년까지 기다리는 이유는 바울이 1차 방문 때가 아닌 2차 방문 때 교회를 조직하여 지도자들이 교만하지 않도록 하고 누가 지도자가 될 수 있는지 평판이 드러날 때까지 기다렸던 것을 근거로 한다.

지도자 임명은 토론에 의해서가 아니라 기도와 금식을 하면서 디모데전서 3장, 디도서 1장의 기준에 의거하여 선발하며 모교회와 훈련팀은 이 과정에 참여하도록 한다. 중요한 것은 선발된 지도자들을 신설 교회 회중이 승인할 수 있어야 한다는 점이다. 처음에는 교회 개척팀이 교회지도자로 전환되며 이때 피훈련팀은 해체되나 교육은 계속된다(전문사역자가 선발될 때까지). 이 단계까지는 피훈련팀은 평신도 지도자이다. 교회 개척팀의 지도자로의 전환은 신중을 요한다. 개척팀은 순회적인 개척팀이기 때문이다. 그러나 바울이 에베소교회를 떠나면서 디모데를 지도자로 심어 두었음을 기억할 때 이러한 전환도 상황에 따라서는 가능하다고 할 것이다.

4단계-재생산 단계: 훈련의 종료와 신설교회 설립(5년 차)

5년 차에 이르면 20개 과목의 LAP과정은 종료되고 다른 팀은 훈련시키거나 전문 사역자 훈련에 들어갈 수 있다. 중요한 것은 신설 교회가 새로운 교회를 재생산할 수 있도록 훈련팀과 피훈련팀은 비전과 전략을 키울 책임이 있다.

신설 교회는 도시 속에서 뿐만 아니라 도시 자체에 대한 사역을 해야 한다. 즉, 특정 도시에 대한 사역을 위해 영적, 물적, 사회적 프로그램을 개발하여 전체적인 필요를 채워 줄 수 있는 총체적인 사역을 해야 한다(예를 들면 서울과 같은 대도시에서의 셀 그룹 조직에 의한 평신도들의 복음 증거 등). 이때 주 공략 대상은 중산층이다. 그 이유는 이들은 사회의 전문가 집단이며 재정지원이 가능할 뿐만 아니라 하위 계층으로의 확산이 용이하다. 이런 과정을 거쳐 형성된 교회의 목적은 매 5년마다 새로운 지교회를 생산하는 데 있다.

교회 성장의 관점에서 보면, 이러한 목적의 달성을 위해서는 대교회보다 소교회의 증식이 효과적이다. 이유는 장소문제를 기준으로 해서 볼 때, 대교회로 성장하면 한 곳에 고착되어 새로운 교회 개척을 위한 추진력을 상실하게 되기 때문이다. 문제는 시설 이전에 헌신이기 때문에 헌신만 되면 각 가정, 기존 훈련센터, 호텔 볼룸, 회의실, 레스토랑, 극장, 공사립학교, 기존교회 시설 등에서 2단계까지 가능하다. 중산층 공략은 족속운동의 영향이라고 생각된다. 그러나 지역적 상황에 합당하다면 효과적일 수 있으나 일관된 전도의 순서가 되어서는 안 된다.

(3) 새로운 교회 개척 과정

조지 패터슨(George Patterson)과 존 루카스(John Lukasse)의 개척과정을 단계별로 소개한 후에 이를 평가하고 본인의 전략을 단계별로 소개하고자 한다. 교회의 재생산을 위해 교회 개척은 자연스럽게 준비 진행되어야 한다. 조지 패터슨의 교회 개척은 현장을 직시하고, 교회를 세우고, 배가를 시도하는 3단계로 설명된다.

먼저, 현장을 직시하여야 한다(Look on the fields: 고후 10:12~16)는 것이다. 바울은 그 자신의 사역 영역을 알고 있었다. 그는 그가 개척하고자 하는 교회의 종류를 알고, 그것을 개척하기를 원하였다. 이를 위해 조지 패터슨은 네 가지 정도의 현장을 바라보는 자세로서 자발적인 교회의 배가의 원리를 제시한다.

첫째, 자신의 책임 지역의 땅을 규명함.
둘째, 개척할 교회의 유형을 규명함.
셋째, 교회 개척을 위한 가장 짧은 길을 규명함.
넷째, 자신의 사역을 규명함.

다음으로 교회의 몸을 세우는 것이다. 살아 있는 몸을 세우는 두 가지 원리는 교회 구성원 사이에 사랑하고 섬기는 관계로 세우고, 교회 사회의 관계를 세우며, 모교회의 사역자가 지교회를 돕고 지교회의 학생 사역자가 모교회에서 배우는 관계로 조직하는 것이다.

세 번째로, 자발적 배가를 위해 조직하는 것이다. 확장 체인(연결사슬)을 세움(행 13:1~3), 즉 계속하여 지교회를 세우고 새신자가 가족, 친구에게 전도하게 하고 현지 지도자로 하여금 현장 목적들을 계획하게 하면서 교회의 정상적인 성장과 개발에 대한 방해물을 기록한다. 한편 존 루카스는 교회 개척단계를 다음의 순서를 따라서 시작하고 있다.

1 단계: 메시지를 받아들일 준비가 된 사람들로 시작한다. 새로운 지역에서 사역하면서 우리가 얻는 최초의 사람들이 제일 중요하다. 인간적으로 말하면 그들이 미래를 좌우한다.
2 단계: 회심은 반드시 이루어져야 할 부분이다. 불신자들로 회개하고 믿게 하여야 한다.
3 단계: 그들로 하나의 셀그룹 안에 참여하도록 한다. 어떤 그룹은 가정그룹으로, 다른 것은 접촉그룹으로 부른다. 그 이름은 심중에 특별한 목표로 선택되어야 한다.
4 단계: 교회 개척의 다음 단계는 회심자들을 제자 삼는 것이다.
5 단계: 제자가 되게 하는 것이다. 제자 삼음은 대위임령에 따른 전도와 선교의 바른 목표이다. 그들로 삶의 변화를 가져오게

하고 작은 그룹의 사역에 참여하게 한다. 활동함으로써 배우는 원리를 도입한다.

6단계: 지역 지도자를 세우고 교회 개척자가 교회를 위하여 떠날 시기가 온다. 지도력의 분여와 훈련이 복음의 확산에 결정적이다.

조지 패터슨에 대한 평가: 그의 계획에는 복음증거와 양육이 어느 정도 결핍된 듯한 모습을 보이는 반면에 친교적, 사회적 접근이 상대적으로 강조되고 있다고 하겠다. 그는 교회 개척을 위해 짧은 길을 찾는다고 하였는데 이것이 하나의 목표가 될 수는 없다. 성경에 기초한 온전한 교회에 대한 정의 설정과 함께 시간이 걸린다 해도 지역에 알맞는 토착화된 교회가 요구된다고 할 것이다. 그의 확장 체인을 통한 조직은 교회의 배가(재생산)를 위한 것으로서 매우 바람직한 계획이 된다.

존 루카스에 대한 평가: 그는 교회 개척에서 교회의 지역, 사회적 접근을 구체적으로 설명하지 않고 있다. 그는 새로운 사람에게 초점을 맞추며, 회심과 제자 삼음을 구분하여 개척의 과정을 구분하고 있다. 그의 회심의 필요와 셀그룹을 통한 교회 개척의 접근은 매우 실제적이고 성경적이라고 할 것이다.

우리는 조지 패터슨이나 존 루카스에게서 공통된 교회 개척의 원리를 만난다. 그것은 교회 개척이 그룹의 형태로서 출발된다는 것이다. 그리고 다소 차이는 있으나 두 사람 모두 교회의 배가 확산의 재생산에 목표를 두고 있다는 것이다.

그러나 안타까운 것은 이들의 내용이 그룹에서 다루어져야 할 교육의 내용이나 교회 개척의 성경적, 영적 필요들을 덜 포함시키고 있다는 인상을 준다는 것이다.

교회 개척 사역은 지도자 개인이 아니라 철저하게 팀 중심의 사역으로 이루어진다. 앞에서 소개된 벤 사와츠키가 제안한 세 그룹(모교회, 개척훈련팀, 피훈련팀)을 통한 교회 개척의 그림이 교회 개척을 단순화시켜 준다고 생각한다. 그러나 파송 교회의 역할은 점점 개척 교회 쪽으로 넘어가고, 세 그룹은 점차 발전하면서 개척 교회 안에서 개척팀과 훈련팀으로 변천한다. 그러나 개척 교회에서의 그룹들의 이 같은 발전은 결코 분파적 성격을 띠지 말아야 하며 주님의 교회를 세움에 있어서 고린도 교회를 향한 바울의 인내와 관용이 요구된다고 할 것이다.

훈련 과정은 4단계로 이루어지며 최종적인 훈련의 목표는 교회 개척을 통한 교회 재생산에 있다. 다음 표는 필자가 설정한 훈련 단계별 교육구조와 내용이다.

개척 1단계: 개척팀의 구성 및 전도단계(12개월 / 1년 차)

다음은 서광교회의 개척 과정을 단계별로 정리했다. 이 과정은 4단계에 걸친 개척팀의 구성 및 전도단계, 확립의 단계, 무장의 단계, 파송(재생산)의 단계로 이루어진다.

먼저 1단계 개척팀의 구성과 전도단계이다.

첫째, 훈련된 피훈련팀이 그대로 개척팀이 된다.

둘째, 개척팀은 먼저 기도와 경건으로 팀워크를 맞추고 교회 개척을 통한 교회 재생산의 목표를 재확인하며 목표로 하는 교회의 유형을 결정한다.

셋째, 정보나 추천, 필요에 의해 지역을 선정하고, 개척할 지역을 조사한다. 교회 개척을 위한 지역의 접촉점을 발견한다.

넷째, 개척팀은 이때부터 전도그룹이 된다. 이 사역에 동참할 지역의 성도들을 파악하고, 우선 가족이나 가족 단위 또는 친구들을 전도의 대상으로 삼는다.

다섯째, 개척팀은 초기 회심자들로 먼저 정기적인 소그룹의 모임을 만든다(전도, 친교, 영적 그룹). 이때의 소그룹 모임은 가정교회(Home Church) 성격을 띠게 된다. 이 모임으로부터 몇 개의 그룹으로 확장할 수 있다.

여섯째, 그룹과 예배, 교육을 시작하면서 토착화를 시도함으로서 교회의 설립을 준비한다.

개척 2단계 : 확립의 단계(24개월 / 2, 3년 차)

개척 2단계에서의 구성과 전도단계는 다음과 같다.

첫째, 소그룹이 어느 정도 견고해지면 공예배로 발전시키되 제자훈련의 내용으로서 소그룹을 계속 유지한다.

둘째, 헌금생활과 재정적인 필요를 설명하여 헌신을 유도하고 재정의 자립을 시작한다.

셋째, 이 단계에서는 예배와 교육, 교제를 확립하며, 기도로 무장하고 전도하여 그룹을 배가하게 한다.

넷째, 이때에는 교회가 설립하고, 그 동안의 관찰과 훈련으로서 직분자를 은사와 질서에 따라 세운다. 예배장소를 고정한다.

다섯째, 사회 공동체 개발과 구제와 봉사의 방편을 찾고, 이를 위해 그룹이 참여하게 한다.

여섯째, 훈련의 과정을 통해 개인은 더욱 신실한 주의 제자로, 교회는 확실한 자립, 자영, 자전의 교회로 세워진다.

개척 3단계 : 무장의 단계(12개월 / 4년차)

개척 3단계 구성과 전도 단계는 다음과 같다.

첫째, 교회의 조직을 보강하고, 가능한 교회 개척팀이나 훈련팀 중에서 직분자를 세운다.

둘째, 교회를 안정되게 세우고 자립, 자전, 자영과 토착화의 확립단계로서 교회의 현지인들 스스로 거의 모든 자율권(주도권)을 쥐고 결정하게 한다

셋째, 개척그룹은 교회에서 새로운 교회 개척을 위한 피훈련팀을 모집하고, 앞서 제시한 지도자 훈련과정에 따라 피훈련팀을 훈련시킨다.

넷째, 교회는 직접 지역사회에 참여하기 위해 지역 정서에 합당한 프로그램을 준비하고, 필요하다면 상설기관을 설립한다.

개척 4단계 : 파송(재생산)의 단계(12개월 / 5년차)

개척 4단계 구성과 전도 단계는 다음과 같다.

첫째, 개척 그룹은 교회의 모든 영역에서 현지 지도자들을 세우고 주도권을 완전히 이양한다.

둘째, 개척 그룹은 재생산을 위해 새로운 개척 지역을 선정하고 떠날 준비를 하며 피훈련팀 역시 새로운 지역을 개척하도록 동기를 부여한다.

셋째, 현지 교회는 자발적인 재생산의 교회로서 교회의 목적을 설정하고 모든 영적, 재정적 파송 교회가 되며, 피훈련팀의 그룹으로 하여금 개척 지역을 향해 떠나도록 하게 한다.

제4장
교회 개척의 한 모델(서광교회)

서광교회 성장과정

양적 성장을 위한 목회활동

질적 성장을 위한 목회활동

리더십의 한계와 알파코스

제4장

교회 개척의 한 모델 (서광교회)

1. 서광교회 성장과정

(1) 초창기

엄격히 말해서 서광교회는 내가 개척한 교회는 아니다. 나는 1986년 서울신학대학을 졸업하자마자 전임 목사님이 개척한 지 6년 정도 지난 본 교회에 전도사로 부임했다. 1979년 8월 5일, 서울시 은평구 녹번동에서 창립된 서광교회는 개척 멤버 14명을 포함한 전체 교인 23명에 전체 공간이 지하 30평에 불과한 작은 교회였다. 당시 1년 재정은 760만 원에 지나지 않았으며 교회가 인척으로 이루어진 가족 목회 형태였기 때문에 개척하는 것보다 더 힘든 여건이었다.

내가 부임했을 때는 캄캄한 지하 교회의 강대상 뒤쪽을 판자로 막아 방을 만들고 그곳을 사택으로 사용하면서 부임 첫 3개월 동안에는 사례비도 못 받을 정도로 사정이 어려웠다. 또한 비가 많이 오면 피아노 건반에까지 물이 찰 정도로 예배실 환경이 열악했다.

이러한 상황에서도 나는 의욕적으로 목회 전선에 뛰어들었다. 서울신학대학 시절 총학생회장을 할만큼 혈기가 왕성했던 나는 교회 게시판을 매주일 바꾸고 2개월에 한 번씩 예배실 벽 색깔을 새로 칠하는 등 여러 가지 시도를 해보았다. 또 자전거를 사서 타고 다니며 부지런히 심방도 하고 전도도 했다. 그러나 결과는 오히려 23명의 교인이 15명으로 줄어든 것으로 나타났다. 그때 내가 느낀 좌절감은 교회를 개척해 본 사람이 아니면 결코 이해할 수 없을 것이다.

(2) 재건기

이 시기를 서광교회의 재건기라고 명명한 것은, 이 교회가 창립은 되어 있었으나 장기간 침체되어 있던 교회였기 때문이다. 그 같은 상황에 직면하여 깊은 좌절감을 경험한 나는 새로운 각오와 노력, 연구로 목회의 새로운 전환점을 찾게 되었다. 이 시기에 교회의 이전이 이루어졌고, 교회가 교회다워지기 시작했다. 이때는 교회의 참 사명을 자각하고 교회의 부흥의 기틀이 마련된 시기로서 새로 개척하는 것이나 다름없는 각고의 노력이 동원되었다.

이때 경험한 좌절감 때문에 나는 하나님만이 목회를 하시고 하나님 앞에 바로 선 목회를 해야 한다는 것을 뼈저리게 자각하고 새롭게 거듭나게 되었다. 이후 서광교회의 목회는 주님 앞에 모든 것을 맡기고 엎드리는, 기도에 근거한 목회가 되었다. 그러면서 나는 마음만 앞서는 목회에서 벗어나 철저한 지역적 특성을 파악하고 그것에 적합한 교회 성장 요인들을 연구 분석하기 시작했다.

당시 이 교회 교인 가운데 자기 집을 가지고 있은 사람은 딱 한 사람 – 그것도 조그만 방이 3개 있는 11평짜리 집 – 뿐이었다. 그래서 나는 목회 방향을 가난한 목회, 중·소형의 목회, 희망을 주는 목회로 설정했다. 그리하여 심방을 비롯한 여러 기회를 통해 교인들과 동질감을 느끼고자 비공식적인 만남을 많이 가지게 되었다.

나는 충북 제천 중앙 성결교회 출신으로 지금까지 단 3개의 교회만을 거쳐 왔다. 게다가 졸업하자마자 담임 교역자로 목회를 시작했기 때문에 경험이 부족했다. 그러나 이것이 오히려 긍정적인 면에서 자기만의 스타일로 목회를 해나갈 수 있는 장점이 될 수 있었다.

서광교회 목회의 한 축을 이루고 있는 것은 제자 훈련이다. 이 훈련은 6개월 과정이지만 실제로는 공휴일과 여름 휴가 기간을 제외하면 꼬박 8개월이 걸리는 긴 교육 훈련 프로그램이다. 처음 제자훈련을 시작할 때 개척 멤버 23명 중에 집사가 14명이나 되었으나 제자훈련을 통과하지 않으면 집사가 될 수 없다고 선포하고 이미 집사가 된 사람들은 1년의 유예 기간을 주고 제자훈련을 받게 했다.

목회의 중요한 사역이자 교회 성장의 요인이 된 것은 치유사역이었다. 치유에 대한 관심은 초등학교 6학년 때부터였는데 당시 심한 화상을 입었던 누나가 치유함을 받았고, 고등학교 2학년 때 시력이 0.4에서

1.5로 회복되는 경험을 했다. 그러한 치유의 체험을 통해 어려서부터 하나님이 살아 역사하신다는 믿음을 갖게 되었다. 그런 중에 1987년 서광교회에서 유정미라는 청년의 축농증을 치유하게 되면서부터 오늘까지 하나님의 치유 역사는 끊임없이 계속되고 있다.

그후 아세아연합신학대학(ACTS)에서 치유사역에 대하여 공부하고, 서울신학대학 신학대학원(M. Div)에서 '능력 치유에 관한 이론과 실천적 방안 연구'에 관해서 논문을 쓰게 되었다.

결정적으로 서광교회가 침체의 늪에서 벗어날 수 있었던 것은 교회 이전이 이루어지면서부터였다고 생각된다. 1986년 목회를 시작한 지 2년이 지난 1988년 지하 교회에서 상가 교회로 이전 할 때 교인은 43명이었다. 당시 서광교회는 전임자의 개척 단계를 지나 완전히 찌들어 체념의 깊은 수렁에 빠져들기 일보 직전이었다. 그와 같은 상황에서 나와 교인들은 그대로 주저앉을 수 없어서 마지막 돌파구라는 심정으로 교회 이전을 생각하게 되었다. 가장 어려웠던 순간이요, 하나님의 은혜와 축복이 넘쳤던 순간이었다.

그때 마침 '여호와 이레' 하나님의 섭리로 은평구 불광동 소년원 자리에 1,340세대의 미성 아파트가 세워지면서 상가 분양이 진행되고 있었다. 이 상가는 가격이 엄청나게 비쌌을뿐 아니라 상가 본 건물은 교회 건물로는 임대를 해주지 않는다고 했다.

그러나 여러 모로 하나님의 은혜와 인간관계가 연결되어 우리 교회는 유치원이 붙어 있는 상가 별관의 2층 84평을 1억 3천 4백만 원에

계약하였다. 가난한 교인들은 건축 헌금 1,950만 원을 놓고 눈물로 기도했다. 하나님은 기적적인 방법을 동원하셔서 우리 교인들의 기도에 응답해 주셨다. '계약금 3천만 원, 3개월 후 중도금 5천만 원, 6개월 후 완불'이라는 분양 조건을 이루어 주셨고, 드디어 1988년 10월 30일, 서울시 은평구 불광동 251-1 상가 84평을 분양받아 입당할 수 있게 해 주신 것이다.

(3) 성장기

1988년 미성 아파트에 있는 유치원 상가로 교회를 이전한 후 서광교회는 비약적인 성장을 거듭하게 되었다. 이 시기는 나에게 있어서 교회 성장에 대한 뜨거운 열정과 목회관에 뚜렷한 철학이 생긴 때라고 할 수 있다. 나는 이때 하나님의 교회는 반드시 성장할 수 있고, 성장해야 한다는 확신을 가지게 되었다.

이때의 체험을 통하여 나는 개척 교회가 성장하느냐 못하느냐의 여부는 절대적으로 목회자의 리더십에 의해 좌우된다고 믿고 있다. 그 당시 나는 목회 지도력에 있어서 특별히 '일'과 '돈'과 '사람'에 관해서는 일관성과 투명성이 있어야 한다는 원칙을 세우고 이를 지켜 나갔다.

목회자가 삶 전체를 목회에 바치고 있다는 것을 알게 되면서 교인들은 목회자의 지도에 적극적으로 순종하고 따랐다. 나는 교인들을 긍정적인 사고를 지닌 긍정적인 사람으로 만들어 나갔다. 또 교인들에게 미래를 향한 구체적인 비전을 보여주며 교회와 목회자에게 자긍심을 갖도록 교육했다.

  그와 동시에 개척 교회 사람들은 계속해서 새롭고 신선한 무엇인가를 필요로 한다고 생각하고, 다양하고 새로운 프로그램을 개발하는 데 전력했다. 또 교인들과 이웃 지역 주민들에게 일하는 교회, 일하는 목회자라는 인식을 심어 주려고 노력했다.

  이때 내가 적용한 목회가 눈높이 목회였다. 눈높이 목회는 교인들에게 용기와 비전을 구체적으로 심어주는 설교로부터 시작된다. 그와 함께 목회자의 권위를 내세우지 말고 교인들과 눈높이를 맞추는 인간관계를 가져야 한다. 그리고 한 명, 한 명을 위해 전력을 쏟아 부어야 한다. 필자는 기존 교인과 새로운 교인 사이에 빚어지는 갈등을 미리 예상하고, 예방 차원에서 잘 가르치면서 피차를 이해하고 포용할 수 있도록 이끌어 갔다.

  부임한 지 7년이 지난 1993년 말이 되자 출석 교인이 200명을 넘어서 교회가 비좁을 정도로 꽉 찼다. 그 무렵에는 서광교회의 재건기에 시도했던 몇 가지 목회 활동들이 보다 확장되고 구체화되면서 열매가 맺어지고 있었다. 그중에서 출석 교인 80명에서 130명으로 전환되던 시점에서 시도되었던 것이 성령 집회였다. 1992년 이래로 서광교회에서는 매년 성령강림절에 성령 집회를 해오고 있는데 이날은 담임 목사가 직접 2시간 동안 부흥회를 했다. 뜨거움과 하나님을 향한 열심이 예배 가운데 분명히 드러나는 때였고 병든 자가 직접 고침을 받는 현장이기도 했다. 놀라운 것은 성령집회 때가 되면 예배 인원이 두 배로 늘

어나는 것이었다.

또 하나 주력한 목회 방향은 '선교하는 교회'였다. 1년 재정 700만 원의 교회였지만 어렵게 교인들을 설득하여 월 1만 원씩 구좌를 개설하여 선교를 시작했다. 그렇게 시작한 선교는 1990년 10월 28일 '나눔 그리고 감사의 축제예배'를 드리면서 서광교회를 '받던 교회'에서 '주는 교회'로 전환하게 하였다.

우리 교회는 집사가 되기 위해서는 제자훈련을 필수적으로 수료해야 한다는 원칙을 철저하게 지켜 나오고 있다. 제자훈련을 하는 목적은 크게 두 가지다. 첫째는 세례교인 이상 되는 교인들에게 기본적이고 올바른 성경 지식을 갖게 하는 것이고, 둘째는 목회자를 잘 이해할 수 있는 계기를 마련하는 것이다. 제자 훈련 6개월 과정에서 한 번 결석, 한 번 지각까지는 허용이 되지만 2번 이상 결석과 지각을 하면 자동 퇴학을 시켰다. 1999년 16기 졸업자들을 배출한 제자훈련은 5가지 조건을 갖추어야 졸업을 할 수 있다. 출결 사항 20점, 성경 1독 이상 20점, 기도 200시간 20점, 교제 20점, 전도하여 3회 이상 교회 출석시 20점 등이다. 이를 통해 졸업식 때 졸업자(80점 이상), 수료자(70점 이상), 준수료자(70점 미만)로 나누어 졸업식을 가진다.

교인의 증가로 인하여 상가 교회가 꽉 차서 앉을 곳이 없게 되자 성전 건축에 대한 열망이 거세게 일어났다. 그러나 엄두가 나지 않았다. 상가 건물을 처분해 봐야 3, 4억, 그동안 적립한 돈은 1억이 전부인데 그 정도의 액수로 1평에 7~8백만 원씩 하는 땅을 사서 건축을 한다는 것은 도저히 불가능한 일이었다. 그러나 하나님의 일이기에 결국 1994년에 대지 144평, 건평 480평의 교회를 신축하게 되었다. 전체 비용은 무려 16억이나 들었다. 출석 교인 200명으로 감히 상상도 할 수 없는 일을 하나님은 우리에게 허락해 주셨다.

1993년 4월 11일, 서광교회는 경기도 파주군 파평면 덕천리 101에 수양관을 개원하였다. 그리고 1994년 7월 17일, 서울시 은평구 대조동 215-37에 교회 건축 부지를 매입, 기공하였다. 또 1994년 7월 17일, 대조동 215-16에 사택 부지를 매입하고 기공하였으며, 1994년 11월 7일에는 성전 건축 기념으로 대전광역시 대덕구 대화동에 대전서광교회를 개척하였다. 그리고 1994년 12월 4일, 드디어 교회 건축이 완료되어 지금의 교회로 입당예배를 드리게 되었다.

(4) 발전기

지상 5층, 지하 1층의 새로운 교회가 건축되어지고 그곳에 입당하여 예배를 드리면서 교회는 다시 한 번 부흥의 계기를 맞게 되었다. 그 당시 필자의 목회에 또 하나의 적극적인 변화가 생겨났다. 그때까지의 제자훈련, 치유사역, 선교 우선주의적 목회 외에 지역사회에 대한 교회의 역할에 중점을 두게 되었다. 물론 새삼스러운 것은 아니지만 교회가 성장하면서 보다 적극적으로 지역 사회의 변화를 주도하는 교회로 자리매김할 수 있게 된 것이다.

"서광교회 앞에는 대조 동사무소와 대조초등학교가 있습니다." 이것은 주보에 씌어 있는 문구이다. 사회보다 앞서가는 교회가 되고자 하는 의욕적인 목회 자세를 나타낸 것이다.

동장 퇴임식을 교회에서 유치했고 동장 추천에 의해 60세 이상의 노인들을 선정해서 매년 효도관광을 보내 드렸더니 이제는 주일에 동사무소 주차장을 교회가 사용할 수 있도록 허락해 주었다. 또한 매주 토요일 아침 9시가 되면 연신중학교 학생 50여 명이 학교가 아닌 교회로 와서 수업을 받곤 한다. 토요일은 학교 전체가 특별활동을 하는데, 우리 교회가 종이접기 교실을 열어 학생들을 교육시키도록 허락을 받아냈기 때문이다.

또 주부 교실을 열어 메이크업, 뜨개질, 종이 접기, 자녀교육을 위한 부모 역할 교육 등 강좌를 개설하고, 매달 세미나를 열어 지역 주민들의 삶의 질을 향상시키는 데 이바지하는 교회로 자리잡아 가게 되었다. 이러한 지역 사회를 위한 교회의 역할은 일반인에 대한 교회의 이미지 쇄신과 함께 전도에 큰 유익을 주고 있다. 1997년 11월 22일에는 '은평 구민을 위한 자선 음악회'를 은평 구민회관에서 서광교회 주최로 개최하여 지역 주민들에게는 좋은 문화적 감상의 기회를 주었고, 그 수익금을 지역 내의 소년소녀가장돕기 등의 구제 사업을 위하여 사용하기도 했다.

한편 선교 지향적인 교회사역을 계속 확대해 나갔으며, 1994년 11월 7일에는 교회 건축 기념으로 대전 서광교회를 지교회로 개척했다. 1995년 12월에는 중국 운남성 북부와 베트남 지역에 단독으로 선교사를 2명 파송했다. 2000년 8월 5일에는 담임목사 안식년을 맞이하여 필리핀 서광교회(Seokwang Living Faith Church)를 개척하고 헌당예배를 드렸다. 2001년 4월 29일에는 마닐라 미션 센터(Manila Mission Center)를 세워 선교사를 파송했고 그곳에 초등학교 5학년 이상 누구나 어학연수를 할 수 있는 길을 열어 놓았다. 또한 2001년 4월 7일에는 마닐라 한인 성결교회(Manila Evangelical Holiness Church)를 개척했다. 현재 40여 개의 선교 지역에 협력 선교를 하고 있으며, 재정의 20퍼센트 이상을 선교비로 책정하고 있다.

그리고 이러한 선교 사역이 물질적인 도움의 차원에서 보다 실질적인 도움을 줄 수 있는 방안으로 확대하고자 '왜그너교회개척성장연구원'이라는 연구소를 개원하여 개척교회, 미자립 교회의 목회자들을 초청하여 세미나를 열고 있다.

1986년 목회를 시작한 후로 이제는 1,000여 명이 출석하는 교회로 자리잡게 되었고, 특별히 20, 30대가 80퍼센트를 차지하는 젊고 비전 있는 교회가 되었으며, 교회의 양적인 성장과 질적인 성장을 위한 다양한 목회 활동이 진행되고 있다. 이 모든 것이 하나님의 은혜였다. 그리고 이러한 과정을 통하여 개척교회는 하나님이 부르시고 세우시는 일이며, 반드시 성장할 수 있고 성장해야 한다는 결론에 도달하게 되었다.

2. 양적 성장을 위한 목회 활동

(1) 양적 성장이란 무엇인가?

양적 성장이란 외적으로 나타나는 개체교회 교인 수의 증가를 말하는 것이다. 교회 성장 유형은 생물학적 성장(biological growth), 이동 성장(transfer growth), 회심 성장(conversion growth)으로 이루어진다. 이것은 목회자들에게 중대한 관심사로서 마치 양적 성장이 교회 성장의 전부인양 생각하고 양적 성장에만 집중하는 경우가 많다. 그러나 수적인 증가가 교회 성장의 전부가 아닌 것을 알게 되었다. 그렇지만 수적인 증가가 또한 하나님이 기뻐하시는 순위에 있는 것은 사실이다.

(2) 양적 성장을 위한 목회의 실제

목회자 자신의 신앙과 지도력 함양을 위한 노력 나는 '예수 그리스도 중심의 신앙', 곧 그리스도께서 '친히 만물의 으뜸'이 되심과 '교회가 그리스도를 중심으로 결속'해야 하나님께서 축복하시고 성장한다는 것을 굳게 믿는 신앙의 자세를 가지고 목회에 임하고 있다. 따라서 자신의 생각대로 교회를 이끌어가고 자신의 왕국으로 만들기 쉬운 유혹에 빠지지 않으려고 노력하고 있다. 또 언제나 교회에서 으뜸은 예수 그리스도이심을 믿으며 하나님의 말씀임을 믿는 신앙에서 이탈하지 않으려고 노력하고 있다. 동시에 교회의 사명이 잃은 자를 찾아 하나님 나라 백성이 되게 함에 있으며 목회자는 이 일을 위해 부름받은 일꾼임을 기억하고 늘 구원론적 신앙으로 영혼 구원의 열정에 불타는 목회자가 되고자 힘쓰고 있다.

지도력 함양을 위해서는 하나님 앞에 성실함은 물론 목회의 성실과 헌신적인 사랑 그리고 목표설정에 대한 확고한 의지를 보임으로써 신뢰감을 얻는 목회자로서 지도력을 발휘하려고 노력하고 있다. 왜냐하면 개척 교회의 성장은 목회자의 신앙과 지도력 역량에 따라 달라진다고 생각되기 때문이다.

평신도 훈련과 활용 평신도를 훈련하여 각자 받은 은사와 재능에 따라 적재적소에서 활동하게 하는 것은 양적 성장에 큰 몫을 감당하게 하는 일이다. 본 교회에서는 특별히 목자를 중심으로 교육을 하며 목자를 중심으로 목장 활동이 이루어지고 있다. 즉, '목자는 작은 교회의 목회자'라는 입장에서 목장을 돌아보아 하나의 교회로 성장시키도록 하고 있다. 또 연 1회 부흥회를 통하여 영성훈련은 물론 회심 성장의 기회로 삼아 새신자를 얻기에 힘쓰고 있으며, 새신자 양육반을 개설하여 그들을 양육하는 데 관심을 집중하고 있다. 평신도들은 곧 불신자들을 대상으로 전도하는 증인들이기 때문이다.

복음 선교의 강화 복음 선교를 교회가 마땅히 하여야 할 일의 최우선인 줄 믿고 실천할 때 교회는 성장한다. 그러므로 서광교회에서는 복음 선교를 사회봉사보다 우선하여 왔다. 매월 셋째 주일 오후예배를 선교예배로 드리면서 교인들로 하여금 전도에 관심을 갖게 하고 실제로 전도에 임하게 하며 복음전도가 교회 성장의 초석임을 인식시켜 날마다 회심성장이 있도록 강조한다. 매월 선교예배 때마다 기관과 개인이 선교헌금을 하도록 하며 그 헌금은 목적대로 쓰이도록 하고 있다. 또한 전도사님들과 헌신자들을 중심으로 훈련된 전도 특공대를 조직하여 1주일에 하루씩 전도에 임하게 하고 있다.

복음선교의 사명은 하나님의 명령이며 이 일은 새로운 교회의 개척이라는 사명과 연결된다. 복음선포를 위한 지교회 설립은 교인들의 선교의 열을 가속화시켜 결국은 본 교회의 성장을 지속시킴이 분명하다. 이런 차원에서 본 교회는 대전에 지교회로 개척했고, 중국 운남성 북부와 베트남 지역에 단독으로 선교사를 2명 파송했으며 현재 40여 개의 선교지역에 협력 선교를 하고 있으며 재정의 20퍼센트 이상을 선교비로 책정하고 있다.

또한 앞에서 언급한 바와 같이 필리핀 마하방바랑(Mahabang Parang) 지역에 필리핀 서광교회(Living Faith Church)를 개척하여 현지인 목회자 로닐로 팔마레스(Palmares Ronillo)에게 전담토록 하였다.

예배 분위기 강화 교회 성장에 있어서 은혜스럽고 경건한 예배와 회중의 온화하고 하나된 분위기는 유창한 설교나 매혹적인 건물보다 훨씬 더 중요하다. 개척 교회일수록 예배와 회중의 분위기는 양적 성장에 크게 영향을 미친다.

나는 서광교회의 양적 성장을 위하여 교인들의 사기를 높이는 일에 힘쓰고 있다. 책망보다는 조그마한 것이라도 칭찬할 것이 발견되면 칭찬하고 격려함으로써 회중의 사기를 진작시키고자 노력하고 있다. 교인들의 사기를 높이는 일은 성장하는 교회에서 목회자가 반드시 하여야 할 일 중의 하나이기 때문이다. 사기 진작은 반복적인 순환성을 가지는데 사기가 높아지면 교회 성장으로 이어지고 그것은 더 높은 사기를 유발시키며 나아가 더 큰 성장의 요인이 되기 때문에 양적 성장에 미치는 영향이 매우 크다.

그러므로 교회가 한 가지 성취 목표를 이룰 때마다 사기 진작의 좋은 기회로 삼고 칭찬과 격려를 잊지 말아야 한다. 서광교회의 경우 새 성전 대지를 구입 건축하여 입당하였을 때 회중의 사기가 진작되면서 교회는 한마음을 품고 열심을 다하는 교회로 변모하는 것을 볼 수 있었다.

목회 행정의 강화 교회는 그 조직이 성서적 원리에 따르고 목회자에게 행정력이 있어 인사, 재정, 재물 관리가 철저하고 모든 일에 조직력과 추진력이 있을 때 성장한다. 아울러 교회가 위치하고 있는 지역사회의 요구에 즉시 응할 수 있는 봉사활동을 전개할 때 교회는 성장한다.

서광교회의 경우 교회조직은 담임 목사를 중심으로 하는 단일체제이며 동시에 평신도의 적재적소의 배치로 회중적인 행정조직을 이루고 있다. 개척 후 지금까지 이러한 담임 목사를 중심으로 하는 단일체제의 조직은 교회성장에 크게 작용한 요소로서 신속한 안건처리가 목회자로 하여금 목회에 최선을 다하는 것이며 교회성장을 이루는 데 필수적이라고 생각된다. 그러므로 바람직한 목회자 상은 목회행정에 능통한 자라야 한다. 이상과 같이 양적 성장을 위한 목회활동은 한 마디로 '하나님께 대한 성실성'에서 비롯된 것이다. 하나님께서는 양적 성장을 위한 여러 가지 활동도 주시는 것이다. 따라서 양적 성장은 계속되고 있다. 이는 도날드 맥가브란(Donald A. McGavran)의 교회성장 원리 중 제1단계인 '하나님께 대한 성실성' 즉, 잃은 자를 찾기 위하여 우리를 부르신 주님께 대한 우리의 사명을 충성스럽게 감당할 때 교회는 당연히 성장하게 된다는 성장 원리를 받아들이게 한다.

주님의 사랑에 이끌린 자들이 구세주의 복음을 성실하게 전하는 곳에만 양적인 성장이 이루어지고 교회는 퍼져가며, 증가하게 되는 것이다. '하나님께 대한 성실성'이라는 도날드 맥가브란의 교회성장원리는 전적으로 옳은 것이다. 본 교회도 개척 이후 성실성에 기초하여 꾸준히 성장하여 오고 있다.

3. 질적 성장을 위한 목회 활동

(1) 질적 성장이란 무엇인가?

질적 성장이란 이미 예수 그리스도의 지체가 된 그리스도인들의 영적 성장을 말한다. 교인들이 내적인 성장을 통해서 하나님을 깊이 사랑하고 아울러 순종의 모습을 보이고, 철저하게 서로를 돌보며, 열심히 하나님의 말씀을 공부하는 등 그리스도인의 성숙을 나타내 보인다. 질적 성장의 현상은 비활동적이며, 명색뿐인 교인들이 새로운 신앙을 경험하고 진정한 제자가 되는 회심 성장이 이루어질 때 나타나는 것이다.

최근 질적 교회성장을 주창하는 나사렛 성결교회의 스탠 툴러와 앨런 넬슨은 교회성장의 물리적 영역, 프로그램 영역, 영적 영역에서의 질적 성장을 강조하여 파이브 스타 호텔같은 인상을 주어야 한다고 주장한다.

(2) 질적 성장을 위한 목회의 실제

목회자 자신의 내적 성장을 위한 노력 목회자 자신이 영적으로 날마다 성장할 때 교인들의 영적 성장도 지속될 수 있다. 그래서 나는 훈련생활에 힘쓰는 가운데 말씀을 상고하여 기도하는 마음으로 설교를 준비하여 강단에 서는 생활을 계속하고 있다. 이 같은 노력은 '예수 그리스도 중심의 신앙', '성경중심의 신앙', 그리고 '구원론적 신앙'을 지속시켜 주고 있으며 나 자신뿐만 아니라 교인들의 질적 성장에도 도움이 되고 있다. 성전 건축이 끝나고 시작한 목회학 박사과정도 목회자 자신의 질적 성장에 크게 도움이 되었을 뿐만 아니라 교인들에게는 계속 연구하여 노력하는 목회자로서의 모습과 목회에 대한 새로운 모습을 보여줌으로써 권태감에서 벗어나게 하는 일석이조의 효과가 있었다. 이러한 연장교육과 경건의 훈련은 목회자 자신의 내적 성장을 위해 필수적인 것이라고 확신한다.

회심 성장한 새신자들이나 기성 교인들로 하여금 성경이 곧, 하나님의 말씀임을 믿는 신앙에 뿌리를 내리도록 교육하며 책임을 다하는 그리스도의 제자가 되도록 가르친다. 이를 위하여 전교인이 성경공부에 참여할 것을 강조하고 있다. 새벽기도 시간에도 성경을 목차대로 가르치고 있으며 제자훈련을 통한 그리스도의 일꾼 양성과 크로스웨이 성경 공부를 통한 성경의 전반적인 이해와 네비게이토 성경공부의 활성화 등의 성경공부를 위한 프로그램들을 진행하고 있다.

전교인 성경읽기 운동을 전개하고 있으며, 특별히 수양관에서 합숙을 하며 성경 통독 수련회를 하고 있다. 이에 교회가 성경에 뿌리를 내리고 성경적인 기초 위에 든든히 서가고 있다. 이렇게 교회가 성경적인 원리 위에 세워질 때 성령으로 충만한 교회, 능력 있는 교회로 성장하게 될 것이라고 확신한다.

예수 그리스도를 하나님과 구주로 고백한 사람은 증거하는 생활을 계속해야 건강한 교인, 내적으로 성장하는 교인이 되는 것이다. 또 교회는 복음 선교에 최우선권을 부여할 때 성장하는 것이므로 교인들의 증거생활을 위한 훈련은 꼭 필요한 것이다. 평신도들은 불신자들을 대상으로 전도하는 평신도 증인(lay-witness)들로서 대부분의 경우에 성령의 은사대로 봉사를 겸하고 있는 사람들이다. 그러므로 이들의 훈련은 전도훈련이 선행되어야 하므로 앞서 서술한 대로 복음 선교를 위한 전도훈련을 먼저 실시하고 곧이어 적재적소에 배치하며, 받은 은사와 재능을 발휘할 수 있도록 평신도들을 위한 훈련을 주 1회 실시하고 있다.

예배를 통한 질적 성장의 노력은 예수 그리스도 안에서 또한 그분을 통하여 창조주이시고 섭리자이시며 구속자이신 하나님을 알고 그 은혜와 사랑에 대하여 감사와 확신으로 응답하는 동시에 화해와 구원의 확증 위에서 하나님의 뜻을 위하여 자신의 생을 드리는 행위이다. 교인들로 하여금 예배의 참뜻을 깨닫고 진정한 예배를 드릴 수 있도록 인도함으로써 그리스도의 올바른 제자가 되고 예수 그리스도를 증거하는 증인이 되도록 내적 성장을 이루게 하는 일은 몹시 중요한 것이다. 원래 진정한 예배의 행동과 회중의 진지한, 성결된 생활은 세계 앞에서 증거하도록 동력을 일으켜 주는 것이니 예배는 교회의 증거가 흘러나오는 수원(水源)이기 때문이다. 그러므로 서광교회는 진정한 예배를 통한 질적 성장을 이룩하여 세계 앞에서 증거하는 증인이 되기 위하여 노력하고 있다.

우선적으로 기독교의 공예배 원형으로 돌아가 진정한 예배를 통한 내적 성장을 위하여 성만찬식에 정성을 다하려고 한다. 기독교 초기 다락방 공예배는 구약의 성례전적인 성전 예배와 설교 중심의 회당 예배의 두 핵심의 요소를 보완했던 다양성 있는 예배로서 이것이 기독교 공예배의 원형인 것이다. 그러므로 설교나 글의 제한성과 약점을 극복할 수 있는 힘을 가진 성만찬식을 성스럽게 실시하여 기독교 공예배의 원형으로 돌아가 진정한 예배를 통한 내적 성장을 이루기 위하여 노력하고 있다.

질적 성장에 있어서 기도생활은 필수이다. 하나님의 말씀이 영의 양식인 것처럼 기도는 우리의 호흡과 같은 것이다. 그래서 "쉬지 말고 기도하라"고 하신 것이다. 계속적으로 쉬지 않고 기도하는 성도는 신앙이 성장된다. 그러므로 내면적으로 바르게 성장하는 교회가 되는 것이다. 따라서 본 교회는 새벽예배를 중심으로 하여 기도생활을 강조하고 있다.

부흥운동은 한국 교회의 기반을 다지는 계기가 되었거니와 한국 교회의 신앙을 형성하는 데 중요한 역할을 하였다. 그러므로 새벽기도, 말씀에 전념, 정열적인 봉사 등은 부흥운동의 결과이다. 또 부흥운동의 목격자요, 인도자 중의 한 사람인 방위량(William Blair)은 부흥운동이 회개운동, 정화운동, 선교운동을 가져왔다고 지적했다.

개척 교회를 목회한 필자 역시 그와 같은 의견이다. 서광교회의 경우 창립 때부터 연 1~2회씩 부흥성회를 개최하였다. 지금까지 실시했던 부흥회는 교인들의 신앙에 도움이 되었고 교회 기반을 다지는 계기가 되었으며 봉사하는 계기가 되었다. 부흥성회를 통한 회심 성장의 새 신자도 많아서 교회의 양적 성장에도 크게 하였다. 장년을 위한 부흥성회는 근래에는 연 1회 실시하고 있으며 겨울방학, 봄방학을 이용하여 '어린이 부흥회'와 '학생 부흥회'도 연 1회 실시함으로써 질적 성장을 이룩하고 있다.

내적 성장을 경험하는 성도는 하나님을 보다 더 깊이 사랑하게 된다. 따라서 나타나는 표현은 감사생활이다. 감사의 표현은 받은 은사의 활용 외에도 물질로써 하나님께 감사하는 것으로 나타난다. 그러므로 감사 헌금이나 십일조 헌금 외에도 하나님께 헌금을 드린다. 따라서 필자는 십일조나 감사헌금 등의 물질로서의 감사 표현이 그 자신의 내적 성장을 가져오는 것을 확신하기에 하나님께 헌금 드리기를 가르치고 있다. 본 교회는 전체 교인 85퍼센트 이상이 십일조 생활을 함으로써 하나님께는 영광이요, 교회에 있어서는 내적 성장을 나타내므로 참으로 감사하고 있다. 질적 성장은 하나님께 드리는 감사의 예물이다.

예수 그리스도께서 우리에게 주신 새 계명은 "네 이웃을 네 몸과 같이 사랑하라"는 것이었다. 내적 성장을 이룬 교인에게 나타나는 증거는 새 계명의 실천 곧 사랑의 실천 생활의 표현으로서 이때 질적 성장이 이루어진다고 확신한다. 그래서 본 교회에서는 개척 당시부터 지금까지 예배 후 사랑의 애찬을 나누고 있다. 지나고 보면 시행착오도 있었지만 앞으로의 꿈은 앞서 밝힌 바와 같이 교회성장을 위해 선교에 힘쓰며 극빈자 돕기, 불우 학생들을 위한 장학회 조직, 특히 여전도회의 고아원, 양로원 방문, 청년회의 병원 입원 환자들을 위한 복음 전도 등을 우리에게 주어진 사명으로 알고 열심히 실천하려고 한다. 감사한 것은 하나님께서 서광교회를 날로 부흥케 하시는 것이며, 이에 앞으로도 계속 착실한 성장을 이루어 나가고자 힘쓰고 있다.

복음 선포를 위한 사역 복음 선포의 사명은 하나님의 명령이다. 이 일은 곧 개척 교회의 사명이라고도 할 수 있다. 본 교회의 경우 복음 선포를 위해 목장 조직에 초점을 두고 있다. 피터 왜그너는, "새 교회를 개척하려는 의욕적인 프로그램을 시작하기만 하면 어떤 교파의 교회라도 교인 수의 감소 추세를 전환시켜 놓을 수 있다"고 했다. 그의 주장에 동의한다. 복음 선포를 위한 지교회의 설립은 교인들의 선교의 열을 가속화시켜 결국은 본 교회의 성장을 지속시킴이 분명하며, 교회 성장의 가장 훌륭한 원리임이 틀림없다.

그래서 본 교회에서도 이 일에 순위를 앞세우려고 한다. 왜냐하면 교회가 완전히 자립한 후에 새로 개척된 교회를 돕고 지교회를 설립하려는 생각보다는 이 두 가지 경우가 빠를수록 교회 성장도 가속화되고 그 성장도 지속시켜 줄 것이기 때문이다.

하나님의 교회는 계속 선교하는 교회일 때만이 생명력이 있고 계속 성장할 수 있다는 원리에 동의한다. 그래서 복음 선포를 위하여 직접 현지에 참여하지 못하더라도 물질적인 후원으로 세계 선교에 동참하고 있다는 사실로 기쁨을 함께 나누고 있다.

이상과 같은 질적 성장을 위한 목회활동은 실제적으로 교인들의 질적 성장을 가져왔다. 즉, 감사의 표현과 사랑의 실천적 표현으로서 이는 맥가브란의 교회 성장원리 제2단계, 곧 교회 성장이 잃은 자를 단순히 발견하는 것이 아니라 그 양들을 우리 안에서 정상적인 상태로 회복시키는 일이라는 원리대로 꼴을 먹이고 돌보는 일(folding and feeding)에 최선을 다하는 목회 사역을 통해 이루어진 결과였다.

조지 헌터(George G. Hunter)는 "교인들이 열정적으로 기도할 수 있게 되고 성경과 성례전에 몰두하며 교우들을 사랑하고 정의·'평화'·일치·'복음화'·해방에 대한 하나님의 뜻에 더욱 민감해져서 이에 복종하게 될 때 교회는 내적 성장을 경험하게 된다"라고 했다. 피터 왜그너도 "내적 성장이 일어날 때 교인은 하나님을 보다 더 깊이 사랑하며, 더 철저히 예배하고 보다 더 심히 기도하며, 보다 더 효과적으로 증거하고 보다 더 친밀하게 서로 서로를 돌보며, 보다 더 현명하게 하나님의 말씀을 공부하게 된다"고 했다.

　나일선(Narlin L. Nelson)은 "질적으로 성장한 그리스도인에게서는 기도와 증거의 생활과 순종과 성경공부의 모습이 나타난다"고 한다.

　이상의 주장에 비추어 볼 때 서광교회에서 질적 성장을 위해 실시하고 있는 제반 목회활동은 교회성장원리에 근거한 것으로서 성도들의 내적 성장에 도움이 되는 것임에 틀림없다. 그러나 더욱 더 효과적인 목회 활동을 개발하고 도입하여 성도들의 질적 성장을 도모함으로써 예수 그리스도의 충실한 제자가 되게 하고 교회의 책임있는 성도들이 되도록 매진해야 할 것이다.

4. 리더십의 한계와 알파코스

(1) 교회 개척의 한계와 절망

　교회를 개척한다고 하는 것은 대단히 어려운 일이다. 필자의 지나간 시간들을 돌아 볼 때 눈물나는 고통의 순간들이 얼마나 많았는지 모른다. 본인의 목회에 대한 열정은 스스로 생각해도 대단한 것이었다. 성전건축을 위하여 본인의 신장(腎臟)을 팔려고 돌아다녔던 순간이 있었을 정도로 하나님을 위하여, 교회를 위하여 기꺼이 죽기로 결심한 목회였다. 그러나 그것만으로 개척 교회의 성공이 보장되는 것은 아니다.

　이제 14년 동안의 목회를 돌아보면서 개척 교회 목회의 한계점에 대하여 살펴보고자 한다. 여기서는 극복해야 할 몇 가지 사실들을 살펴봄으로 서광교회 개척의 한계점을 대신하고자 한다. 이는 실제 목회 속에서 흔히 일어나게 되는 문제점으로 본인 자신에게는 아픈 기억들이지만 개척 교회의 어려움을 겪고 있는 목회자들에게 작은 도움이라도 주고자 하는 충정에서이다.

교회 개척이라고 하는 것은 아무 것도 가진 것 없이 꿈으로부터 시작된다고 할 수 있다. 사람도 없고 물질도 없고, 배경도 없고, 꿈 하나로 시작하는 것이 개척 교회라고 생각한다. 그러나 개척 초기 동분서주 열심히 뛰어는 다녔지만 결과는 오히려 산산조각난 꿈만 발견하게 되었다. 그때의 좌절감은 교회를 개척해 본 사람만이 느낄 수 있는 절망감이었다.

영적 침체 개척 초기에 열심히 노력은 했지만 오히려 교인의 수가 줄어들게 되자 염려와 두려움이 찾아왔고 좌절감과 무력감에 빠지게 되었다. 원인을 알 수 없는 육체적인 고통도 따라 다녔다. 비전이 상실되고 의욕도 잃었다. 그것은 영적 침체였다. 이 시기 깊은 좌절감을 경험한 필자는 하나님만이 목회를 하시고 하나님 앞에서 목회를 해야 한다는 것을 뼈저리게 경험하고 새롭게 거듭나게 되었다. 이후 서광교회의 목회는 철저하게 하나님 앞에 엎드려 기도함을 통하여 하나님이 주도하시는 목회가 되었다.

열등의식 개척하기 전에는 없었던 열등감이 개척하고 나서 생겨났다. 웬만큼 잘해야 잘한다고 말해주는 사람은 없고 비판하는 소리만 들려오게 되는 것이 개척 교회의 성장이 이루어지지 않고 있을 때 생기는 현상이다. 생각보다 성장되지 않으면 실력에 대한 평가를 받게 된다. 성장하는 교회의 목회자들과 비교하는 교인들의 말을 듣게 되고 심한 열등의식으로 고통을 받게 된다.

열등의식을 극복하기 위하여 생각의 중요성을 깨닫고 마음관리에 중점을 두어야 한다. 말씀을 깊이 묵상하고, 긍정적이고, 적극적인 사고를 갖기 위하여 노력했다. 그리고 그것이 본인의 목회 전반에 긍정적인 영향을 주게 되었다. 말씀을 묵상하고 생각을 변화시키는 것은 환경을 초월하는 지혜를 얻게 해주었다.

무거운 책임의식 개척 교회의 또 하나의 무거운 짐은 책임감이다. 교회의 개척자가 되고 나서 항시도 떠나지 않는 교회재정에 대한 부담, 교회에서 일어나는 모든 일에 대한 책임을 감당해야 한다.

순간순간 내려야 할 중요한 결정들이 많았다. 그럴 때마다 사람들을 쳐다보고 그들과 헌금을 연결시키게 되고 환경을 탓하게 되기도 한다. 개척 교회는 부자가 없다는 것이 공통점이라 할 수 있다.

그때 필자가 깨달은 것이 하나님이 개척 교회의 목사에게 원하는 것이 있다면 그중 하나가 사람을 의지하지 말라는 것이다. 오직 하나님만을 의지하며 주어진 책임감을 감당해야 하는 것이다. 그리고 그 책임을 감당하기 위하여 실력을 쌓아야 한다. 그래서 본인은 교회를 개척한 후에도 독서하는 것을 게을리 하지 않고 있다.

사람에 대한 실망 목회는 인간관계이다. 목회는 하나님과의 관계뿐 아니라 이웃과의 관계, 그리고 자신과의 관계이다. 개척 교회 목사가 가장 많이 겪는 것이 사람에 대한 실망이다. 사람에게서 받는 상처다. 사람을 바르게 이해해야 실망과 상처를 적게 받을 수 있다. 사람을 너무 신뢰하지 않는 것이 지혜다. 다만 사랑의 대상일 뿐이다. 특정인에게 집착하지 말고 목회자는 다양한 사람들을 사랑하는 지혜가 필요하다.

개척 교회 목사에게는 인내가 필요하다. 조급함을 극복하고 성실함과 눈물의 기도로 최후 승리를 얻을 때까지 죽도록 충성해야 한다. 개척 교회의 목회자는 하나님의 특별한 관심과 은총을 받은 사람들이라는 확신이 필요하다. 죽기로 작정하고 헌신한다면 개척 교회는 틀림없이 성공할 것이다.

(2) 알파코스와의 만남

알파코스는 불신자를 효과적으로 초청하여 그들에게 적합한 10주 과정의 프로그램을 통해 구원의 감격을 주며, 그 과정을 통해 바로 교회에 정착시키는 전도의 도구(Tool)이다. 물론 알파코스 외에도 많은 전도 프로그램들이 있지만, 이 프로그램은 새신자 정착율 80퍼센트 이상 높여주는 효과적인 방법이라는 점에서 요즘 많은 교회에서 도입을 시도하고 있다.

나는 이 교육을 받으면서 '그래, 바로 이거다!' 하고 몇 번이나 무릎을 쳤다. 왜냐하면 교회 성장에 지대한 관심을 갖고 있었고, 지금 우리나라 교회들에서 실시하고 있는 '셀' 목회의 한국화가 절실히 필요하다고 느끼고 있던 터라 이 알파코스가 바로 '셀' 목회를 한국화, 상황화시킬 수 있는 완충 역할을 할 수 있으리라는 사실을 직감했던 것이다.

　알파(Alpha)라는 말은 다음과 같은 영어 단어의 이니셜을 따서 연결한 용어이다.

　A(Anyone can come): 기독교 신앙에 대해 더 많이 알고 싶은 사람이면 '누구나' 환영한다. 어떤 부류의 사람들은 그리스도인이 되어서는 안 된다는 의식을 갖지 않고 누구나 환영한다. 전과자든, 마약중독자든, 노숙자든 누구나 와서 알파코스에 와서 프로그램에 참여할 수 있다.

　L(Learning and Laughter): 기독교 신앙에 대해 웃으며 배운다. 불신자들이 딱딱하다고 느끼지 않도록 재미있는 교육 시간을 추구한다. 그래서 설교라는 용어를 사용하지 않고 토크라는 친숙한 단어를 사용한다.

　P(Pasta): 식사를 나누면서 교제하는 시간을 갖는다. 식사 자리는 서로를 친숙하게 해주고, 다음에 만나도 대화거리를 제공할 수 있는 기회가 될 수 있다. 그래서 초청된 불신자들 위주로 그들이 좋아하는 메뉴를 준비하여 식사를 나눈다.

　H(Helping one another): 서로 도와준다. 불신자들의 필요에 대해 알게 되면 서로 합력하여 도와준다. 가정의 자녀문제가 있으면 위로와 기도를 해주고, 혹 재정적으로 문제가 있으면 노력하여 도와준다는 내용이다.

　A(Ask anything): 어떤 것이라도 질문하게 하라는 의미이다. 궁금

해하는 것을 막지 말고 묻게 하고, 아는 것이라면 친절하게 설명해 주고 모르는 것은 솔직히 모른다고 답할 수 있어야 한다.

위와 같은 5가지 원칙으로 프로그램을 짜고 새신자를 초청하여 코스를 진행하면 새신자는 그리스도인으로 변화되고, 그리하여 금방 교회를 떠나지 않고 교인으로서 자연스럽게 정착하도록 하는 프로그램이 바로 알파코스이다. 현재 알파코스를 행하는 교회에서는 새신자 정착율 80퍼센트 이상을 기록하고 있다.

2박 3일간의 알파코스 세미나에 참여하면서 느낀 점은 알파코스를 통해 두 가지의 효과를 누리게 된다는 것이다.

첫째는 기존 신자에게 도전을 줄 수 있다는 것이다. 알파코스에는 리더와 도우미가 필요하다. 그들은 새신자를 열심히 섬기고 그 새신자를 알파코스 과정에 열심히 나올 수 있도록 돕는 일을 하며 그것을 통해 불신자를 감동시켜 교인으로 정착하게 한다. 이 리더와 도우미를 위해 먼저 교인들 중에서 선발하여 훈련을 하여야 한다. 리더와 도우미가 훈련과정을 통해 성령의 뜨거움을 체험하고 있음이 교회들의 성공사례를 통해 입증되고 있다.

둘째는 알파코스가 어느 정도 정착이 되면 새신자가 새신자를 전도하는 패턴으로 바뀌어 교회가 일반적으로 성장하는 교회의 성장율 이상으로 성장한다는 점이다. 요즘 전도는 관계 전도법이 효과적이라는 것이 일반화되어 가고 있다. 교회 등록 후에도 서로 관계가 있는 사람이 그 새신자를 섬기고 꾸준히 교회로 인도하여 주일마다 교회에 갈 수 있도록 도울 수 있다. 기존 신자 주변에 있는 사람들은 이미 교회를 다니고 있는 신자들이 많다. 그래서 그들은 불신자를 찾기가 쉽지 않다. 반면에 새신자 주위에는 믿지 않는 사람이 비교적 많은 편이다. 그들이 한 번 성령의 은혜를 통해 변화되고 뜨거워지면 바로 그들이 불신자를 초청해서 교회의 다음 기수 알파코스로 초청해서 데리고 올 수 있게 되는데 이것이 큰 전도의 장점이 된다.

기본적으로 알파코스는 네 가지 정도의 단계로 나뉘어 진행된다.

첫째, 매주 코스를 위한 준비기도를 한다. 하나님이 하시는 일이시기에 하나님께 의뢰하고 맡기는 기도는 아주 기본적이면서도 중요한 일이다.

둘째, 불신자들의 취향을 파악한 후 가장 맛있는 메뉴로 식사를 준비한다. 식사 후에는 즐거운 시간으로 환영과 찬양의 시간을 갖는다.

셋째, 후반부에는 소그룹 모임을 통해 성경 공부한 내용을 나눈다.

넷째, 하루의 과정 중에서 중요한 것이 복음의 내용을 소개하는 것이다. 이 시간은 인생의 의문점들에 대해서 토크라는 형식으로 진행한다. 토크의 내용 알파코스에서 토크로 진행하는 내용으로서 인생의 의문점들은 다음과 같다.

1주 - 예수님은 누구신가?
2주 - 예수님은 왜 돌아가셨는가?
3주 - 어떻게 나의 믿음을 확신할 수 있는가?

4주 – 왜 그리고 어떻게 성경을 읽어야 하는가?

5주 – 왜 그리고 어떻게 기도해야 하는가?

6주 – 하나님은 어떻게 우리를 인도하는가?

6주말(주말 수양회) – 성령의 날

7주 – 어떻게 악에 대항할 수 있는가?

8주 – 왜 그리고 어떻게 전도해야 하는가?

9주 – 하나님은 오늘도 치유하시는가?

10주 – 교회에 대하여

11주 – 축제와 초청의 날

    기독교 : 지루하고 거짓말 같고 나와는 상관이 없다?

여기에서 중요한 점은 기도로 준비하면 성령님은 모든 코스 속에서 개인에게 개입, 역사하셔서 변화시키시고 역동적인 치유를 일으키신다는 것이다.

필자는 전도의 좋은 도구가 될 알파코스를 서광교회에 다음과 같이 접목시킬 계획을 갖고 있다.

첫 번째 단계 : 준비단계 – 리더와 도우미를 훈련하는 단계

이 단계를 홍보단계로 활용한다. 이 단계에서 우선 기존 신자 중에서 이 코스에 참석하고자 원하는 사람의 신청을 받고, 그런 부분에 관심이 있거나 역량이 되는 사람을 선발한다. 그리고 이들에게 알파코스를 이해시키기 위해 10주 과정을 실제로 워크숍을 하듯이 진행한다.

두 번째 단계 : 리더와 도우미의 선발 단계

기존 신자를 훈련하는 알파코스를 1기로 정하고 1기 중에서 리더와 도우미를 선발한다. 알파코스를 위해 준비할 것들이 많이 있는데, 이들을 선발하여 그런 준비를 시키게 된다. 알파코스의 숙지, 리더로서 소그룹 인도법과 소그룹에서 할 내용의 숙지, 도우미로서 어떻게 섬길 수 있는 가에 대한 훈련 등을 실시한다. 물론 이런 것에 대한 기본적인 자료들은 알파코리아(알파한국본부)에 준비되어 있으므로 그 자료를 활용한다.

세 번째 단계 : 알파코스의 실천단계

실제로 10주 과정의 알파코스를 실천하는 단계이다. 1기 중에서 2기 코스에 참석할 사람을 미리 정하여 초청케 하고 1기에서 정한 리더와 도우미가 2기를 섬기게 한다. 하나님께서 역사하심으로 변화, 성령의 능력을 체험하는 시간이 될 것을 기대한다.

알파코스의 책임자는 담임 목사이다. 모든 교회의 중요한 일은 담임 목사가 진행할 때 무게가 실리고 책임감 있게 이루어질 수 있다. 기도회 인도와 리더와 도우미에 대한 교육을 책임지며, 코스에서 중요한 토크 부분을 준비하고 진행한다. 부책임자는 부교역자(부목사나 전도전담 전도사)다. 실무적인 조직을 파악하고 지지해 주고, 전반적으로 진행이 잘 되도록 돕는 일을 한다. 리더가 전화는 하고 있는지, 소그룹 인도 준비는 했는지 등을 체크한다. 그리고 1그룹에 리더 1명과 부리더 1명과 2명의 도우미를 세운다.

알파코스 적용에 즈음하여 이 과정을 교회 부흥을 위해 접목시키는 이유는 알파코스의 장점에 있다. 그 장점은 다음과 같다.

(1) 개교회를 통해 전도한다는 점이다. 주님의 몸 된 교회를 통해 전도해야 효과적이라고 알파코스는 주장한다.

(2) 전도의 과정을 중시한다. 11주의 과정을 통해 점진적으로 교회에 발을 내딛도록 도와주어서 결국 꾸준히 교회에 나오도록 만든다는 점이다. 총동원 전도주일처럼 하루만 나오면 다음에는 교회에서 책임진다는 책임 전가성의 프로그램이 아니라 처음부터 과정 속에 접목시키는 전도 프로그램이다.

(3) 능력 전도를 시도한다는 점이다. 사람이 그리스도인으로 변화되는 것은 성령의 능력이 아니고는 될 수가 없다. 알파코스는 이 점을 인정하고 성령을 의지하여 전도하며, 성령의 능력으로 전인적인 치료의 역사까지 기대하고 있다.

(4) 불신자 중심의 프로그램이다. 불신자를 중심으로 초청하며 또 그들을 가장 소중하게 생각하여 그들의 입장에서 코스를 진행하고, 단어를 사용하며, 찬양하며, 식사하며, 토크를 준비하고 전달한다. 그리고 이성적인 복음제시를 통해서 흔들림 없는 신앙인이 되도록 돕는다.

이 알파코스를 통해서 주님의 몸된 교회가 영적으로 양적으로 부흥하게 될 수 있을 것이라는 확신을 가지고 있으며, 많은 이들이 알파코스 컨퍼런스에 참여하여 이해하고 또 적용하여 부흥하는 교회들이 더 많아지기를 소망한다.

제5장
오래 엎드린 새가 높이 난다

제5장

오래 엎드린 새가 높이 난다

　교회를 개척하고 성장시킨다고 하는 것은 너무나 힘들고 어려운 일이다. 그러나 주님은 이 시대의 모든 교회로 하여금 주의 뜻을 이루게 하신다. 효과적인 교회 개척은 몇 가지 교회 개척 사역의 특성을 이해하도록 요구한다. 첫째로, 교회 개척의 목표는 교회의 재생산과 진정한 주님의 몸으로 교회를 세움으로 주님께 영광을 돌리는 것이다. 둘째로, 교회 개척의 주체와 구조에 관한 것으로서 교회 개척의 사역은 개인의 독주가 아니라 팀의 지도력이 요청된다. 이는 소위 평신도들을 움직이는 사역으로서 지도자와의 동역을 의미하는 것이다. 셋째는, 교회 개척 사역이 교회의 재생산이라는 목표를 달성하기 위해서는 자립하는 교회, 자영하는 교회, 자전하는 교회, 지역토착화 교회, 개척(재생산)하는 교회 등의 세부 목표를 성취해야 한다.

개척 교회의 성장이란 외적인 형태의 성장만이 아니라 질적으로, 양적으로 성장하는 것을 의미한다. 그리고 이것은 목회 지도력의 개발과 강화를 통하여 이루어지게 된다. 이를 위한 몇 가지 제언을 하려고 한다.

첫째, 목회자가 성경적인 교회관을 정립하고 전교인에게 동기를 부여하여 전교인을 활용하는 촉매적인 목회를 해야 한다.

둘째, 인기 위주의 목회가 아닌 성경적인 복음의 본질을 지키는 목회가 되어야 한다. 목회자가 성경적인 본질에서 떠나게 되면 목회자는 공신력을 잃게 되고 지탄을 받게 된다.

셋째, 목회자는 진실한 하나님의 종이 되기 위하여 철저하게 성육신 원리의 목회를 하여야 한다. 이를 위하여 목회자는 구원관이 확고한 신앙의 사람, 신학적인 토대 위에 성경을 해석할 수 는 사람, 평신도를 지도 교육할 수 있는 교육자적인 사람, 지역사회에 관심을 가지고 주민과 대화할 수 있는 인격적인 사람이 되어야 한다.

넷째, 교회 갱신을 이루기 위하여 지속성을 지닌 목회를 하여야 한다. 교인들의 경험 속에 스며들어 생활화, 인격화되기 위해서는 어느 정도의 시간이 걸리는 것이다.

마지막으로 영적인 민감성을 가지고 목회를 해야 한다. 지체하는 것은 전적으로 기회를 잃어버리는 것을 의미할 수도 있다. 그러므로 지역사회에 접근하는 새로운 방안, 새로운 사회 그룹에 적합한 프로그램의 개발, 몇 개의 회중들 중에서 협동 프로그램을 기획하는 일 등 기회를 놓치지 않는 영적 민감성을 가지고 능동적으로 대처해야 한다.

이러한 목회 지도력을 강화하기 위하여 부단히 노력하는 지도자를 하나님께서는 세우시고 성공적으로 사용하실 것이다. 빨리 핀 꽃이 먼저 지고, 오래 엎드린 새가 높이 난다는 말이 있다. 조급해 하지 말고 하나님만을 의지하고 하나님 앞에 성실하면 성공적인 교회 개척은 반드시 이루어지며, 교회 개척을 통한 한국 교회의 지속적인 성장과 민족 복음화 그리고 세계복음화는 반드시 이루어질 것이다

참·고·문·헌

참·고·문·헌

1. 국내 서적

강신권, 21세기를 향한 리더십, 서울: 쿰란출판사, 1995.
곽안련, 목회학, 서울: 대한기독교서회, 1955.
김득룡, 현대목회와 교회성장, 신학지남 제39권 3집 (1972): 15.
　　　현대교회 예배학 신강, 서울: 총신대학 출판부, 1985.
김명혁, 하나님의 선교와 복음주의 선교, 신학지남 제167권 (1974): 61.
김상복, 목회자의 리더십, 서울: 엠마오, 1995.
김성태, 세계선교전략사, 서울: 생명의 말씀사, 1994.
김중기 외, 한국교회성장과 신앙양태에 관한 조사연구, 서울: 현대사회연구소, 1982.
김하태, 기독교 입문, 대전: 목원대학 출판부, 1984.
나일선, 교회성장 원리, 서울: 크리스천 헤럴드사, 1974.
박영배, Missio Dei 신학과 한국교회선교론, 서울: 기독교사상, 1986.
서정운, 인물로 본 현대신학14: 호켄다이크의 신학사상, 서울: 한국장로교출판사, 1989
신성종, 이런 교회가 성장한다, 서울: 도서출판 하나, 1994.
오일환, 목사와 교회성장. 부산: 양문출판사, 1983.
이규승, 싱공직인 개척교회론, 서울: 도서출판 한들, 1997.
이만열, 한국기독교와 민족의식, 서울: 지식산업사, 1992.
이종윤, 전호진, 나일선, 교회성장론, 서울: 정음출판사, 1983.
장중열, 교회성장과 선교학, 서울: 성광문화사, 1979.
정성구, 실천신학개론, 서울: 총신대출판부, 1981.
정문호, 목회 성공하려면, 서울: 정경사, 1976.

조성종, 목회자 리더십론, 서울: 성광문화사, 1997.
차영배, 말씀과 성령, 교회성장. 제1집 (1981): 102.
채은수, 오늘의 선교신학, 신학지남: 제49권 3집 (1982): 170-171.
하용조, 성경공부 지도자의 자질과 역할, 교회문제연구소연구. 서울: 엠마오, 1985.
그리스도교 대사전, 서울: 대한기독교서회, 1975. "복음" 413.
동아 새국어사전, 서울: 동아출판사, 1989. "인격" 1611.

2. 번역 서적

Bosch David J, 선교신학, 전재옥 역, 서울: 두란노서원, 1991.
Coleman Robert E, 주님의 전도계획, 홍성철 역, 서울: 생명의 말씀사, 1980.
Conn Harvie M, 교회성장학의 신학, 김남식 역, 서울: 성광문화사, 1982.
Fickett Harold L, 교회성장의 열 가지 원리, 조해수 역, 서울: 예수문서선교회, 1978.
Haggai John E, 미래는 진정한 리더를 요구한다, 임하나 역, 서울: 두란노.
Haper Norman E, 제자훈련을 통한 현대기독교교육, 이승구 역, 서울: 정음출판사, 1984.
Jones Earl E, 교회개척의 이론과 실제, 고민영 역, 서울: 기독교서회, 1985.
Kein Hurbert, 세계선교역사, 신서균, 이영주 역, 서울: CLC, 1993.
Maxwell John, 당신 안에 잠재된 리더십을 키워라, 강준민 역, 서울: 두란노, 1997.
McGavran Donald A, 교회성장학, 고원용 역, 서울: 보문출판사, 1974.
    & George HunterIII, 교회성장학, 박은규 역, 서울: 대한 기독교출판사, 1983
Neil Stephen, 기독교 선교사, 홍치모, 오만규 역, 서울: 성광문화사, 1992.
Rainer Thom S, 교회성장 교과서. 홍용표 역, 서울: 예찬사, 1996.
Schuller Robert H, 성공적인 목회비결. 조문경 역, 서울: 보이스사, 1985.
Stott John R. W, 한국기독교선교. 김명혁 역, 서울: 성광문화사, 1981.
Scott Waldron, 사회정의와 세계선교를 향한 제자도, 강선규 역, 서울: 두란노서원, 1990.

Torry Richard A, 하나님은 왜 무디를 쓰셨나, 이인한 역, 서울: 은성출판사, 1976.

Towns Elmer L, 성장하는 교회 무엇이 다른가. 김홍기 역. 서울: 요단출판사, 1994.

Van Engen Charles, 모이는 교회 흩어지는 교회. 임윤택 역. 서울: 두란노서원, 1994.

Verkuyl Johannes, 현대선교신학. 최정만 역. 서울: 기독교 문서선교회, 1992.

Wagner C. Peter, 교회성장의 원리. 권달천 역. 서울: 생명의 말씀사, 1980.

성령의 은사와 교회성장, 권달천 역, 서울: 생명의말씀사, 1982.

교회성장학 개론, 이재범 역, 서울: 나단, 1989.

Werning Waldo J, 현대교회성장의 새로운 전략, 정사무엘 역, 서울: 예찬사, 1992.

3. 외국 서적

Copeland E. Luther, "Church Growth in Acts." An International Review Volume IV. 1 January 1976, 15-16.

Faircloth Samuel D, Church Planting for Reproduction. Grand Rapids: Baker Book House, 1991.

Gibbs Eddie Ⅰ Ⅰ Believe Church Growth. Grand Rapids: Eerdmans Publishing Company, 1982.

Hodges Melvin L, The Indigenous Church, Springfield: Gospel Pub. House, 1976.

Hulbert Terry C, World Mission Today, Wheaton: TTA, 1981.

Lewis Jonathan, World Mission: An Analysis of the World Christian Movement : Cross-Cultural Considerations, Pasadena: William Carey Library, 1989.

Lukasse Johan, Churches with Roots, Great Britain: MARC, 1990.

Padilla Rene C, Co-operration in Evangelism, The International Symposium on the Lausanne Covenant, Downers Grove, Ⅲ: Inter Varsity, 1976.

Paker James I, Down to Earth: The Gospel: Its Content and Communication-A Theological Perspective., ed. Robert T. Coote and John Stott, Grand Rapids: Eerdmans, 1980.

Patterson, George. The Spontaneous Multiplication of Churches in Perspectives on the World Christian Movement. ed., Ralph D. Winter and Steven C. Hawthorne, Pasadena: William Carey Library, 1981.

Raines Robert A, New Life in the Church, San Francisco: Harper & Row, 1989.

Sawatsky Ben A, A Church Planting Strategy for World Class Cities, Urban Mission, 1985.

Smith Fred, Learning to Lead, Waco: Word, 1986.